DEUS
NO SÉCULO XXI

AUGUSTO PASQUOTO

DEUS
NO SÉCULO XXI

Comentários ao livro
Deus, um Delírio

EDITORA
SANTUÁRIO

DIRETOR EDITORIAL:
Marcelo C. Araújo

EDITORES:
Avelino Grassi
Márcio F. dos Anjos

COORDENAÇÃO EDITORIAL:
Ana Lúcia de Castro Leite

COPIDESQUE:
Eliana Maria Barreto Ferreira

REVISÃO:
Leila Cristina Dinis Fernandes

DIAGRAMAÇÃO:
Juliano de Sousa Cervelin

CAPA:
Alfredo Castillo

Dados Internacionais de Catalogação na Publicação (CIP)
(Câmara Brasileira do Livro, SP, Brasil)

Pasquoto, Augusto
    Deus no Século XXI: Comentários ao livro *Deus, um delírio* / Augusto Pasquoto. - Aparecida, SP: Editora Santuário, 2010.

    Bibliografia
    ISBN 978-85-369-0184-8

1. Ateísmo 2. Dawkins, Richard, 1941-. Deus, um delírio - Comentários 3. Deus - Existência 4. Religião - Filosofia I. Título. II. Título: Deus, um delírio.

10-01492   CDD-212.1

Índices para catálogo sistemático:

1. Deus: Existência: Filosofia da religião 212.1
2. Existência de Deus: Filosofia da religião 212.1

2ª Edição

Todos os direitos reservados à **EDITORA SANTUÁRIO** — 2010

 Composição, CTcP, impressão e acabamento:
EDITORA SANTUÁRIO – Rua Padre Claro Monteiro, 342
12570-000 – Aparecida-SP – Fone: (12) 3104-2000

A Joseana, esposa e colaboradora dedicada;
a Mariana, filha muito amada.

SUMÁRIO

Apresentação 9

Introdução 11

1. Século XXI: A favor ou contra a religião? 13
    Os "novos ateus" 14
    A reação ao "novo ateísmo" 16
    Richard Dawkins 19
    O criacionismo fundamentalista....................................20
    Um detector de mentiras..23

2. Uma hipótese e uma proposta 27
    O fio da meada..29
    Quem é o Deus que Dawkins
        quer provar que é um delírio?....................................30
    Uma hipótese e uma proposta 31

3. O grande argumento..35
    Deus na evolução da vida..37

4. Deus na criação da vida..43
    Deus na origem da vida..44

5. Deus na origem do Universo 55
    A resposta teísta..59
    A resposta antrópica 60

6. Deus é simples ou complexo? 67

Deus é complexo? 69

Deus é improvável? 71

A complexidade goela abaixo..............................74

7. Deus e o *Big Bang*...79

A grande explosão 81

O *Big Bang* foi de fato uma explosão?................83

O ruído de fundo do universo.............................85

Fugindo do *Big Bang*..86

A teoria do tudo 91

A partícula de Deus 97

8. Ciência, Espiritualidade e Religião 101

Um furo na Bitola Dawkinsiana..........................104

Ciência e fé se contradizem?..............................105

Espiritualidade e religião...................................108

A aposta de Pascal 113

9. As provas da existência de Deus 115

O ato puro...117

As vias modernas a favor da existência de Deus....121

A quem cabe o ônus da prova?...........................124

10. O método "científico" de Dawkins...................127

"Se você voltar curado, então eu acreditarei" 129

Com que cérebro ele pensa?..............................132

Conclusão..139

Bibliografia 147

APRESENTAÇÃO

Para todos, em regra, Deus é um tema central. Ao longo da caminhada humana, a palavra "deus" tem conteúdo muito diversificado. Os filósofos e historiadores que o digam.

Nesta obra, o químico e teólogo Augusto Pasquoto preocupa-se em analisar com seriedade e competência o fenômeno atual do ateísmo militante de Richard Dawkins e de outros "novos ateus".

Deus seria uma noção, um conceito ultrapassado, nocivo ao ser humano? Deus é dispensável? Ciência e fé religiosa contrapõem-se uma a outra? Além da fé, da crença, há motivos ainda sólidos para crer? Augusto responde.

Esta é uma obra para estar nas mãos de todos. Todos os que a lerem e sobre ela refletirem ganharão muito, sobretudo sacerdotes, intelectuais, catequistas e pessoas de algum trato cultural. Que ela suscite muito aprofundamento e ajude a levar o homem de hoje a entender quem é Deus e o que ele representa em nossas vidas.

Pe. Francisco de Assis Moraes

INTRODUÇÃO

Richard Dawkins é um famoso biólogo da atualidade, especializado em etologia, a ciência que estuda o comportamento dos animais. Escreveu diversos livros referentes a assuntos de sua área e ganhou fama e respeito no mundo todo como cientista. Mas ultimamente ele abandonou seu campo específico de pesquisa para se aventurar pelos caminhos da teologia e da religião, apesar de não ter formação teológica. Escreveu o livro *The God Delusion*, que foi traduzido para o português com o título *Deus, um Delírio*, no qual expõe as suas ideias sobre religião.

Ele é o mais famoso representante do grupo dos assim chamados "novos ateus" que apareceu no início deste século XXI. Seus fiéis seguidores procuram tratar a religião de um modo mais ousado do que os antigos ateus: são mais agressivos e falam abertamente e sem medo de suas convicções ateístas. Seus livros ganham fama porque usam de uma retórica ousada que desperta curiosidade e interesse. O ataque principal dos novos ateus concentra-se contra as religiões organizadas ou institucionalizadas, principalmente contra o judaísmo, o cristianismo e o islamismo.

Li o livro de Dawkins. E durante a leitura fui anotando, espantado, os inúmeros erros de raciocínio lógico que o autor comete ao tentar provar que Deus é um delírio. E fui me perguntando: Como pode um cientista de fama internacional dizer tamanhas impropriedades sobre teologia e filosofia? Como pode um pesquisador sério na área biológica fazer um estudo no qual tendenciosamente procura colocar somente os argumentos a favor de suas ideias e deliberadamente omitir os argumentos contrários?

Ao terminar a leitura, uma pergunta insistia na minha mente: Vamos dizer "Amém" a tudo isso e ficar de braços cruzados? Foi nesse contexto que me veio a ideia de escrever alguns comentários ao livro, com a intenção de mostrar onde estão as suas falhas ao querer tentar impor a tese de que "quase com certeza Deus não existe".

1

Século XXI:
A favor ou contra a religião?

Ao terminar de ler o livro *Cruzando o Limiar da Esperança*, do Papa João Paulo II, a penúltima frase chamou-me fortemente a atenção: "Tinha, por certo, razão André Malraux quando afirmava que o século XXI ou será o século da religião ou não será de modo nenhum".[1] Uma afirmação que me pareceu estranha no livro de um Papa.

Por que João Paulo II teria usado essa citação de André Malraux e qual o sentido que lhe quis dar? Teria ele algum conhecimento ou alguma intuição de que no século XXI surgiriam problemas no campo religioso? Teria ele pressentido a aproximação de algum acontecimento ou de alguma descoberta científica que pudesse trazer consequências para a religião? Que consequências seriam? A favor ou contra?

Será difícil adivinhar o pensamento do Papa. Mas, quaisquer que tenham sido seus pressentimentos, uma coisa parece que já está no ar. No início deste século XXI, estamos presenciando aca-

---

[1] Papa João Paulo II, *Cruzando o Limiar da Esperança*, Livraria Francisco Alves Editora, 3ª ed., p. 209.

loradas discussões sobre religião. Vários livros foram publicados sobre o assunto, causando muita polêmica e grande interesse por parte do público. Alguns deles atacam frontalmente Deus e as religiões, como, por exemplo: *Quebrando o encanto* (Dan Dennett); *Deus não é grande* (Christopher Hitchens); *As máscaras de Deus e o poder do mito* (Joseph Campbell); *Religion explained* (Pascal Boyer); *Tratado de ateologia* (Michel Onfray); *Carta a uma nação cristã* (Sam Harris); *Acreditamos em deuses* (Scott Atran); *A ciência encontrou Deus?* (Victor Stenger); *Creation revisited* (Peter Atkins), entre outros.

Mas o livro que maior repercussão causou no mundo todo foi *The God Delusion*, de Richard Dawkins, best-seller nos Estados Unidos e na Europa em 2006. Foi traduzido para o português com o título *Deus, um delírio*. É sobre ele que vamos refletir nas páginas que seguem.

Os "novos ateus"

O livro tem uma intenção bem específica: levar o maior número possível de pessoas para o ateísmo, para viver a vida sem Deus. O autor usa o termo "orgulho ateu" para designar uma atitude que os ateus devem ter ao enfrentar os preconceitos da sociedade. Já tivemos em tempos recentes movimentos semelhantes: o movimento do "orgulho da raça negra", do "orgulho gay". E agora o "orgulho ateu".

Richard Dawkins é o mais famoso representante dos assim chamados "novos ateus" que apareceram subitamente no início deste século. Até poucos anos atrás, os profetas do ateísmo eram bem comportados ou pouco ardorosos em sua pregação. Usavam uma retórica respeitosa, expondo suas opiniões sem fanatismo e com educação.

Mas os novos ateus são bem diferentes. São agressivos e diretos, falam abertamente de suas convicções e provocam os religiosos para a briga. No entanto, os argumentos que usam para comprovar suas posições de ateístas são fracos e até mesmo falaciosos. Mas a fraqueza da argumentação é compensada pela força da retórica. Esses profetas do ateísmo são em geral loquazes e até falastrões, e escrevem livros que despertam interesse e se tornam best-sellers.

Assim, os novos ateus estão tentando sair dos bastidores para apresentar-se destemidamente no palco, diante do público. Os ateus, diz Dawkins, esconderam-se tempo demais nas catacumbas. Perseguidos, estigmatizados, envergonhados, cabe-lhes agora assumir a iniciativa da luta. Eles precisam "sair do armário" (p. 28).[*]

O "novo ateísmo" teve início no ano de 2006. O termo foi usado pela primeira vez na revista *Wired*, em novembro desse mesmo ano. Um comentário sobre os livros publicados pelos novos ateus diz o seguinte: "O importante sobre esses livros não foi seu nível de argumentação – que era, para usar de eufemismo, modesto –, mas sim a atenção que receberam tanto como best-sellers como uma 'nova' matéria descoberta pela mídia. A 'matéria' ainda foi ajudada pelo fato de que os autores eram loquazes e vigorosos, tanto quanto seus livros eram inflamados".[2]

O ataque principal desse tipo de ateísmo agressivo concentra-se contra as religiões organizadas ou institucionalizadas, quaisquer que sejam. "Sua religião é organizada? Somos contra!" E os

---

[*] Os números entre parênteses indicam a página do livro *Deus, um delírio*, de Richard Dawkins, editado pela Companhia das Letras, São Paulo, 2007.

[2] Cf. Antony Flew, *Um ateu garante: Deus existe*, Ediouro Publicações S.A., 2008, p. 14.

16   Deus no século XXI

principais alvos de religião organizada, para eles, são o judaísmo, o cristianismo e o islamismo.

O método de ataque desses profetas apresenta uma contradição. Pois, ao mesmo tempo em que criticam os religiosos como fanáticos e fundamentalistas, eles próprios agem do mesmo modo. Nas suas pregações falam como aqueles profetas que ameaçam com castigos os que não se arrependem e não se convertem para o lado deles. Os novos ateístas são eles mesmos, tanto quanto ou mais fundamentalistas que os crentes.

A reação ao "novo ateísmo"

Em contraposição a esse movimento agressivo em favor do ateísmo e da irreligiosidade, existe um outro no sentido oposto. Várias organizações se formaram, principalmente nos Estados Unidos, para combater as ideias ateístas. John Marks Templeton, um rico financista do Tennessee, usou boa parte de sua fortuna para formar a Fundação Templeton, que tem por finalidade financiar projetos de pesquisa, cursos acadêmicos e conferências que incentivem os entendimentos entre ciência e religião. A Fundação promove anualmente o Prêmio Templeton para o Progresso da Religião, um dos prêmios mais generosos do mundo.

Se existe atualmente uma enxurrada de livros que pregam o ateísmo, existe também, por outro lado, uma grande leva de escritores que apresentam argumentos a favor da existência de Deus. São eles, para citar alguns: Anthony Flew, *Um ateu garante: Deus Existe*; Richard Swinburne, *The Existence of God*; Alvin Plantinga, *God and Other Minds*; Gerard Schroeder, *The Hidden Face of God*; Peter Geach, *God and the Soul*; Francis Collins, *A Linguagem de Deus: um cientista apresenta evidências de que Ele existe*; William P. Alston, *Perceiving God: The Epistemology of*

Religious Experience; Peter Van Inwagen, *God, Knowledge and Mystery;* Brian Leftow, *Can Philosophy Argue God's Existence?*

O próprio livro de Dawkins é contra-atacado por um outro: *O delírio de Dawkins, uma resposta ao fundamentalismo ateísta de Richard Dawkins,* escrito por Alister McGrath e Joanna McGrath. Alister é doutor em biofísica molecular, mas deixou a pesquisa científica para estudar teologia e tornou-se professor de história da teologia na Universidade de Oxford. Ele conta que era ateu até chegar à universidade, mas se converteu à fé em Deus. Sua esposa Joanna Collicut McGrath é professora de psicologia da religião na Universidade de Londres. O casal procura demolir os argumentos do autor, considerados levianos, infundados e irresponsáveis.

No campo da ciência, começam a surgir suspeitas de que a teoria da evolução darwiniana já não se sustenta mais exatamente como queria o seu criador. As novas descobertas na área da micro-biologia que mostraram a tremenda complexidade da estrutura e do funcionamento da célula põem sérios obstáculos à teoria darwiniana. O biólogo Michael Behe, em seu famoso livro *A caixa preta de Darwin – o desafio da bioquímica à teoria da evolução,* que foi também best-seller, diz que não é possível hoje afirmar candidamente que o maravilhoso mundo dos seres vivos foi formado às cegas, sem planejamento. Diante das evidências das últimas descobertas no campo da microbiologia, será preciso admitir que a evolução não pode ser cega, tem de ser guiada. É a teoria do *Intelligent Design* (Design Inteligente ou Projeto Inteligente) que está em grande discussão nos tempos atuais.

No campo da prática religiosa, nota-se um aumento crescente nas manifestações de fé. O próprio Dawkins diz que "a religiosidade hoje nos Estados Unidos é verdadeiramente impressionante" (p. 27). O escritor humanista Michael Shermer está de acordo ao

18 Deus no século XXI

afirmar que "nunca a população norte-americana acreditara tanto, e em tão grande proporção, em Deus".[3]

Talvez seja por isso que os santuários religiosos do mundo são cada vez mais visitados. O número de peregrinos que vão a Lourdes, por exemplo, aumenta a cada ano. Segundo dados estatísticos, durante o ano de 1872 estiveram em Lourdes 60 mil peregrinos; 1 milhão em 1908; mais de 3 milhões em 1970; mais de 4 milhões em 1978. E atualmente visitam Lourdes mais de 5 milhões de peregrinos por ano. Aqui no Brasil, a corrida de romeiros ao Santuário de Aparecida bateu um recorde em 2007: mais de 8,5 milhões.[4]

Os ateus ainda constituem a minoria, mesmo em países avançados social e economicamente. Dawkins conta que uma pesquisa da Gallup, realizada em 1999, perguntou aos americanos se eles votariam em uma pessoa qualificada que fosse mulher (95% votariam), católica (94% votariam), judia (92%), negra (92%), mórmon (79%), homossexual (79%) ou ateia (49%) (p. 27).

No Brasil foi feita uma pesquisa semelhante encomendada pela Revista Veja, em 2007, e realizada pela CNT/SENSUS.[5] Essa pesquisa mostra que 84% dos brasileiros votariam em um negro para presidente da República, 57% dariam o voto a uma mulher, 32% aceitariam votar em um homossexual, mas apenas 13% votariam em um candidato ateu.

---

[3] Michael Shermer, *How We Believe: Science, Scepticism and the Search for God* (Como cremos: Ciência, ceticismo e a busca de Deus, p. 16-31), citado por Alister McGrath e Joanna McGrath, em *O Delírio de Dawkins,* Editora Mundo Cristão, 2007, p. 12.

[4] Cf. o semanário *O Aparecida,* n. 1075, 12 a 18 de janeiro de 2008.

[5] Revista Veja, 26 de dezembro de 2007, p. 72.

[*] O *Penguin English dictionary* define delusion (delírio) como "crença ou impressão falsa" (p. 28).

Portanto, no início deste século XXI, estamos assistindo a uma queda-de-braço no campo religioso entre duas frentes bem definidas. De um lado estão os "novos ateus" que investem agressivamente e até com furor contra as religiões, querendo convencer que não existe nem Deus, nem qualquer projetista da vida e do universo. Do outro lado, os que reivindicam a necessidade de um Ser criador e orientador. Talvez a citação da frase de André Malraux feita pelo Papa João Paulo II tenha relação com essas duas forças. O Papa já cruzou o limiar da esperança, e lá onde ele está talvez já saiba qual será o desfecho da luta. Nós, pobres mortais que cá estamos, ainda não sabemos.

Richard Dawkins

Richard Dawkins é um biólogo evolucionista nascido em 1941, no Quênia, mas educado na Inglaterra. Especializou-se em etologia, a ciência que estuda o comportamento dos animais. É professor de Compreensão Pública da Ciência, na Universidade de Oxford. A partir de 1976, começou a ganhar fama após a publicação do livro *O Gene Egoísta*. É um defensor da teoria evolucionista darwinista tão dedicado e ferrenho que é considerado como o "rottweiler de Darwin" – em contraposição a Thomas Huxley que levava o título de "buldogue de Darwin".

Na sua juventude, Dawkins seguiu moderadamente a religião anglicana. Mas, aos 16 anos, descobriu Charles Darwin e se apegou fortemente à sua teoria evolucionista da seleção natural, acreditando ter achado uma pérola de grande valor. O pai intelectual de Dawkins parece ter sido o matemático e filósofo inglês Bertrand Russell, pois ele afirma que foi "inspirado, à idade de mais ou menos 16 anos", pelo ensaio intitulado *No que acredito*, escrito pelo filósofo em 1925. Russell se opunha sistematicamente a toda religião institucionalizada. Dawkins copiou o mestre até mesmo no seu estilo de linguagem sarcástico, irônico e zombeteiro.

Diz ele: "Cristãos fundamentalistas são apaixonadamente contra a evolução, e eu sou apaixonadamente a favor dela" (p. 17). Para ele, é Deus no céu e Darwin na terra. Mas como ele não crê em Deus, sobra somente Darwin na terra. Podemos então afirmar: Darwin é Darwin e Dawkins é seu profeta. Alguém já disse que Dawkins é o pregador da "teologia da libertação dos ateus".

A pregação antirreligiosa tem sido a sua principal atividade nos últimos anos. O livro *Deus, um Delírio* contém toda essa pregação. Dawkins se diz um ateu de fato. Mas não um ateu absoluto, pois admite que ainda tem alguns resquícios de crente. Diz que não tem como saber com certeza que Deus existe, mas acha que Ele é muito improvável. Por isso, leva a vida na presunção de que Ele não existe (p. 80).

Na química, quando uma substância é pura, mas contêm alguma impureza impossível de ser quantificada, dizemos que é uma substância pura com *traços* de impureza. Usando a analogia, podemos dizer então que Richard Dawkins é um ateu puro, mas com *traços de crente*.

O criacionismo fundamentalista

Para compreender alguns aspectos do livro, é necessário ter em mente o grande debate que existe hoje, principalmente nos Estados Unidos, entre os crentes criacionistas fundamentalistas e os não fundamentalistas. No Brasil, onde essa questão praticamente não existe, não conseguimos compreender o porquê de tanta oposição entre esses dois grupos.

A expressão "fundamentalista" teve origem nos Estados Unidos. No início do século XX um grupo de presbiterianos definiu alguns dogmas religiosos essenciais. Esses dogmas foram publicados numa série de panfletos intitulados *The Fundamentals* (Os Fundamentos). Daí veio o termo *fundamentalista*, para designar a pessoa que crê nos fundamentos ou nos dogmas da sua religião.

Naquela época havia grande rivalidade entre os protestantes liberais e os conservadores. Estes acusavam os liberais de terem se afastado da essência da religião cristã porque faziam uma leitura crítica da Bíblia. E para escapar dos "perigos" das ideias dos liberais, fecharam-se sobre si mesmos e caminharam para um fundamentalismo radical. Para eles, a verdade literal das Escrituras era uma questão de vida ou morte para a sobrevivência do cristianismo.

A seguinte definição de fundamentalismo foi estabelecida no Congresso Mundial dos Fundamentalistas, em 1976, na Escócia. Um fundamentalista é um crente que:

- mantém uma inarredável lealdade à Bíblia, como sendo inerrante, infalível e verbalmente inspirada;
- crê que tudo o que a Bíblia *diz*, assim é;
- julga todas as coisas pela Bíblia e somente dela aceita julgamento;
- denuncia e separa-se de toda e qualquer denominação eclesiástica (igrejas, pastores, missionários, missões, imprensas bíblicas etc.) que se opõem àquela fé (o conjunto de ensinamentos bíblicos).

Em consequência a essa inarredável lealdade à Bíblia, os fundamentalistas interpretam ao pé da letra a criação do mundo narrada no livro do Gênesis. Dizem que a criação se realizou de fato em 6 dias de 24 horas, que a terra não tem mais do que 10 mil anos segundo cálculos baseados na Bíblia, que o dilúvio de fato acontaceu ao pé da letra como está escrito. Esse conjunto de afirmações radicais deu origem ao *criacionismo*, também conhecido como *criacionismo da terra jovem*, que é um tipo de fundamentalismo aplicado à narração bíblica da criação do mundo.

No início, ser fundamentalista era até uma honra. O crente estufava o peito quando dizia: "Sou um fundamentalista". Significava que era fiel aos fundamentos da sua religião. Aliás, todos nós somos de algum modo fundamentalistas. Quando dizemos que a terra gira ao redor do sol por força da lei da atração universal dos corpos, estamos sendo fundamentalistas por crer nas leis fundamentais da física. Quando um católico recita o "Creio em Deus Pai", está sendo fundamentalista, porque crê nos fundamentos de sua religião contidos naquela oração.

Mas, em 1925, o político presbiteriano William Bryan iniciou uma cruzada contra o ensino da teoria da evolução darwinista nas escolas. Vários Estados aderiram a essa cruzada e proibiram o ensino daquela teoria. Mas, no Tennessee, um professor chamado John Scopes decidiu desobedecer e tentou mostrar a inconstitucionalidade da lei que proibia o ensino da evolução nas escolas. O julgamento do "caso Scopes", também conhecido como o "Julgamento do Macaco", foi seguido passo a passo pela população com tanto interesse que parou os Estados Unidos. Ele foi condenado, mas o processo terminou anulado. No fim das contas, o episódio representou um pesado golpe contra o criacionismo fundamentalista. Desde então, a palavra *fundamentalista* começou a ter uma conotação pejorativa, significando uma pessoa atrasada, retrógrada, contrária às descobertas da ciência. E hoje, especialmente depois do ataque dos terroristas às torres gêmeas de Nova York e dos atentados suicidas no Oriente Médio, o termo tomou uma conotação ainda mais pejorativa.

Algumas crenças dos criacionistas ou fundamentalistas batem frontalmente contra as descobertas mais recentes da ciência.

Por exemplo, dificilmente algum cientista admite hoje em dia que a terra tenha apenas 10 mil anos de idade. As evidências indicam que ela tem mais de 4 bilhões de anos. Daí se compreende a irritação de muitos cientistas com essas afirmações. Entre eles está Richard Dawkins como um dos principais e mais ferrenhos opositores das ideias dos criacionistas. No seu livro percebe-se claramente a sua irritação quando se refere a eles usando às vezes expressões pesadas. Diz ele que "longe de respeitar a separação do terreno da ciência, os criacionistas gostam mesmo é de pisoteá-lo com suas botas sujas e com travas na sola" (p. 102). E chega a dar um exemplo extremo de um criacionista, Kirt Wise, que afirmou o seguinte: "Se todas as evidências do universo se voltarem contra o criacionismo, serei o primeiro a admiti-las, mas continuarei sendo criacionista, porque é isso que a Palavra de Deus parece indicar" (p. 366).

Um detector de mentiras

Na análise que pretendemos fazer do livro *Deus, um Delírio*, vamos ter em mãos um tipo de raciocínio muito usado na linguagem humana: o silogismo. É o antigo e sempre novo modo de raciocinar ensinado pelo velho Aristóteles, adotado e seguido pelos filósofos até os dias de hoje. Algum leitor poderá franzir a testa ao pensar que esse é um método de raciocínio inusitado e talvez antiquado para os nossos dias. Mas, apesar de tudo, vou adotá-lo porque me parece um método muito adequado para o estudo em questão, pois apresenta os raciocínios de tal maneira que a verdade – ou a mentira – "salta aos olhos". E como veremos no estudo do livro, os raciocínios do autor são obscuros e confusos. Não há nada melhor para destrinchá-los e clareá-los do que lhes dar um banho de Aristóteles.

Para os leitores que não são iniciados na filosofia aristotélica, damos aqui uma rápida explicação. De acordo com Aristóteles, o *silogismo* é um argumento pelo qual, a partir de duas sentenças conhecidas como *premissas*, podemos tirar uma *conclusão*. Um exemplo clássico de silogismo é o seguinte:

> Todo homem é mortal.
> Sócrates é homem.
> Portanto, Sócrates é mortal.

A conclusão só será verdadeira se as duas premissas também o forem.

Esse raciocínio pode também ser colocado em linguagem matemática:

$$\begin{array}{lrcl} \text{Se} & A & = & B \\ \text{e} & C & = & A \\ \text{então} & C & = & B \end{array}$$

No silogismo deve haver só três termos: A, B e C.

Nós usamos esse tipo de raciocínio com muita frequência no linguajar do dia-a-dia, geralmente sem percebê-lo. Por exemplo, quando alguém vê nuvens carregadas aproximando, diz: "Vai chover". Atrás dessa afirmação simples há o seguinte raciocínio:

> Nuvens carregadas se aproximando trazem chuva.
> Vejo nuvens carregadas se aproximando.
> Portanto, vai chover.

O silogismo é um tipo de raciocínio que age como um detector de mentiras. Quando bem empregado, ele desmascara o que é falso ou põe em evidência o que é verdadeiro.

Em *A República*, Platão conta que Sócrates tinha como lema o seguinte princípio: "Siga o seu raciocínio até onde ele o levar". Se o silogismo der a você a convicção da verdade, siga-o sem temor. Mas se ele o leva para um terreno pantanoso e sem consistência, abandone-o porque pode ter havido desvio na rota da verdade.

Esse lema socrático também será o nosso no decorrer deste livro.

2

Uma hipótese e uma proposta

Richard Dawkins afirma que tem quatro intenções com o seu livro.

A primeira intenção é "conscientizar para o fato de que ser ateu é uma aspiração realista, e uma aspiração corajosa e esplêndida. É possível ser um ateu feliz, equilibrado, ético e intelectualmente realizado" (p. 23).

A segunda é conscientizar o leitor de que a teoria evolucionista é o guindaste poderoso que elevou os seres vivos da simplicidade de um ser primitivo para a complexidade da vida que vemos hoje. Esse guindaste é uma arma poderosa que derruba, segundo o autor, as pretensões da teoria do Projeto Inteligente. E muito mais: derruba até Deus.

A terceira é conscientizar sobre o "mal" que faz a educação religiosa quando aplicada desde a infância.

A quarta intenção é parecida com a primeira: "Minha quarta conscientização diz respeito ao orgulho ateu. Não há nada de que se desculpar por ser ateu. Pelo contrário, é uma coisa da qual se deve ter orgulho, encarando o horizonte de cabeça erguida, já que o ateísmo quase sempre indica uma independência de pensamento saudável e, mesmo, uma mente saudável" (p. 26, 27).

28 Deus no século XXI

Mas, afinal, quem é um ateu para Dawkins? Ele mesmo dá uma definição:

> Os pensamentos e as emoções humanas *emergem* de interconexões incrivelmente complexas de entidades físicas dentro do cérebro. Um ateu, nesse sentido filosófico e naturalista, é alguém que acredita que não há nada além do mundo natural e físico, nenhuma inteligência sobrenatural vagando por trás do universo observável, que não existe uma alma que sobrevive ao corpo e que não existem milagres – exceto no sentido de fenômenos naturais que não compreendemos ainda (p. 37).

Em outras palavras, ateu é a pessoa que não admite a existência de seres sobrenaturais e acredita que tudo tem de ser explicado somente pelas leis naturais.

Em contraposição aos ateus ou *ateístas*, existem três tipos de pessoas que admitem a existência de seres sobrenaturais:

- os *teístas* são aqueles que creem num Deus que criou o universo e que continua zelando por ele e por todos os seres que nele existem. Ele teve uma intenção especial na criação dos seres humanos, os quais ama, atende e protege.
- Os *deístas* são aqueles que creem num Deus que criou o universo, mas depois deixou que ele se governasse por si mesmo, pelas leis naturais criadas pelo próprio Deus, sem precisar mais da intervenção dele. Deus teria criado o universo como um relógio ao qual deu corda e deixou que funcionasse por si, por suas próprias leis.
- Os *panteístas* são aqueles que identificam o universo com Deus. Eles assumem a natureza e o universo

como divindades. Não existe um Deus pessoal criador do universo. Tudo o que existe é manifestação divina, autoconsciente. Na realidade, o panteísmo é um ateísmo disfarçado.

Existem também os *agnósticos*, aqueles que afirmam que a questão da existência ou não existência de Deus não foi nem será resolvida. Eles acreditam que a razão não pode penetrar o reino do sobrenatural. Por isso, ficam em cima do muro, não pendendo nem para um lado nem para outro.

O fio da meada

O verdadeiro objetivo do autor, porém, está bem explícito no próprio título do livro: provar que Deus é um delírio, isto é, que não tem uma existência real. Ele vai conseguir? É o que vamos ver nas páginas adiante.

Numa simples e rápida leitura do livro é muito difícil achar o fio da meada do argumento principal que possa levar à conclusão de que Deus é um delírio. A dificuldade explica-se porque o autor usa de uma retórica, isto é, de uma tática de linguagem agressiva e esperta. É a tática do lutador de boxe, que primeiro se ocupa em cansar o adversário, dando golpes na região da cintura ou até mesmo golpes baixos, às vezes dizendo palavras ofensivas para irritar, outras vezes até mordendo a orelha do adversário. Essa tática se nota ao longo de todo o livro, que se serve de muitas digressões e mudanças de assunto para contar histórias e fatos ou apresentar citações sempre desfavoráveis – e nunca favoráveis – à religião. E no entremeio desses golpes, das palavras ofensivas e das mordidas na orelha, ele vai colocando o seu argumento principal. O leitor tem de ficar muito atento para achar o fio da meada.

Vamos tentar encontrar esse fio da meada. E para visualizar melhor o caminho, vamos seguir passo a passo.

Quem é o Deus que Dawkins quer provar que é um delírio?

O autor quer provar que Deus é um delírio, uma ilusão. Mas que Deus é esse que ele quer atingir? Ele esclarece: "tenha em mente que só estou chamando de delírio os deuses *sobrenaturais*" (p. 39). E mais adiante ele explica melhor o que realmente quer: "No restante deste livro falo só dos deuses *sobrenaturais*, entre os quais o mais familiar à maioria dos meus leitores será Javé, o Deus do Antigo Testamento" (p. 44).

Portanto, o principal objetivo do livro é atingir o Deus dos judeus que, na sua definição essencial, é o mesmo que o Deus dos cristãos e dos muçulmanos. É importante, então, definir com clareza que Deus é esse. Vou tomar aqui a definição que os católicos adotam nos seus encontros catequéticos:

Deus é um espírito perfeitíssimo e eterno, criador do universo.

Para que não fique nenhuma dúvida a respeito da definição, vamos explicar os termos com mais detalhes.

Deus é um espírito perfeitíssimo. Significa que é um ser *sobrenatural*, isto é, não tem absolutamente nada de natural, não é feito de partes materiais, tais como átomos, moléculas, células, neurônios. E contém em si toda a perfeição possível.

É eterno, criador do universo. Significa que sempre existiu e que não precisou de um ser ainda mais perfeito para criá-lo. Ele não é causado por nenhuma outra causa e, por sua vez, é a causa que deu origem a todas as coisas.

Então, fique bem claro, é esse o Deus que Dawkins tem em mente quando diz que Deus é um delírio. É o Deus abraâmico, como ele o chama, e que compreende o mesmo Deus único dos judeus, dos cristãos e dos muçulmanos (p. 64). Por isso, para simplificar, de agora em diante usaremos aqui a expressão "Deus dos cristãos" para nos referirmos a esse Deus que o autor quer atingir.

Uma hipótese e uma proposta

Dawkins não acredita em Deus, mas para tê-lo em sua mira fará uma suposição, uma hipótese. A "Hipótese de que Deus Existe" diz que: Existe uma inteligência sobre-humana e sobrenatural que projetou e criou deliberadamente o universo e tudo o que há nele, incluindo nós.

Observe que o Deus da "Hipótese de que Deus Existe" coincide com a definição que os teólogos dão ao Deus dos cristãos.

Logo em seguida o autor faz uma proposta em contraposição à hipótese:

> Este livro vai pregar outra visão: qualquer inteligência criativa, de complexidade suficiente para projetar qualquer coisa, só existe como produto final de um processo extenso de evolução gradativa. Inteligências criativas, por terem evoluído, necessariamente chegam mais tarde ao universo e, portanto, não podem ser responsáveis por projetá-lo. Deus, no sentido da definição, é um delírio (p. 56).

Por que Deus, no sentido da definição – ou da hipótese –, é um delírio? Bem, logo de cara, porque Ele não cabe na proposta. Para fazer com que o raciocínio do autor "salte aos olhos", vamos destrinchar essa proposta em todos os seus detalhes, colocando-a em forma de silogismo:

- Toda inteligência criativa tem de ser necessariamente um produto da evolução.
- Deus é considerado uma inteligência criativa.
- Portanto, *Deus tem de ser, necessariamente, um produto da evolução.*
- Todo produto da evolução chega tarde ao universo (chega depois do universo feito e da vida começada).
- Deus é um produto da evolução.
- Portanto, *Deus chegou tarde ao universo.*
- Toda inteligência criativa que chega tarde ao universo não pode ser o criador da vida nem do universo.
- Deus é uma inteligência criativa que chegou tarde ao universo.
- Portanto, *Deus não pode ser o criador da vida nem do universo.*

Essa cascata de argumentos contida na proposta é ordenada com a intenção de armar o *xeque-mate* contra Deus, que pode ser assim apresentado:

Qualquer inteligência criativa, de complexidade suficiente para projetar qualquer coisa, tem de ser necessariamente um produto da evolução, que chega tarde ao universo e que por isso não pode ser responsável por projetá-lo (proposta).

Mas o Deus dos cristãos é considerado, ao contrário, uma inteligência criativa que não passou pela evolução, que não chegou tarde ao universo e que é responsável por projetá-lo (hipótese).

Portanto, esse Deus não existe, é um delírio.

Tão fácil assim? Com uma canetada – uma simples proposta – o autor tenta tirar Deus da jogada. Deus é um cara inteligente.

Se é inteligente, necessariamente é um produto da evolução. Se é um produto da evolução, chegou tarde ao universo. Se chegou tarde, não pode ser o criador da vida nem do universo. Se não é o Criador, não é Deus nem aqui nem na China. E pronto! Deus está morto!

Esse cara parece ser rápido no gatilho!

Na realidade, com sua proposta, Dawkins procura enquadrar todo e qualquer ser evoluído numa bitola que podemos chamar de *Bitola Dawkinsiana*, que consiste no seguinte: pela teoria de Darwin, os seres vivos mais complexos vieram, por evolução, de seres vivos mais simples, que, por sua vez, vieram de seres vivos ainda mais simples e assim sucessivamente até se chegar a um ser vivo mais simples de todos, o primeiro e único que iniciou a vida. Então, todos os seres complexos são produtos da evolução a partir de um único ser simples. E entre os seres complexos estão os seres inteligentes. Todos os seres complexos vieram depois da vida começada, portanto chegaram tarde ao universo e não podem ser responsáveis pela criação da vida e do universo.

A *Bitola*, como o próprio nome sugere, tem dois limites bem definidos: um começo num ponto fixo e único lá no passado longínquo – o ser primitivo simples e um término mutável e sempre em evolução no presente – os seres complexos originados todos do ser simples.

Segundo a concepção materialista do autor, não existe nenhum ser inteligente que viva fora da *Bitola*. A não ser o *Deus da Hipótese de que Deus Existe*, que Dawkins quer provar que não existe.

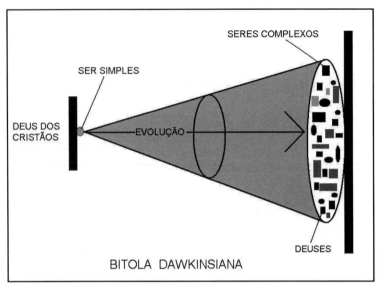

Observe no desenho que o Deus dos cristãos, que o autor disse que quer atingir, fica fora da *Bitola,* porque é anterior ao ser simples que deu início à vida e à evolução.

Podemos, então, resumir o raciocínio do autor do seguinte modo:

Todo e qualquer ser inteligente e capaz de projetar alguma coisa só existe realmente se couber dentro da *Bitola Dawkinsiana.*

O Deus da "Hipótese de que Deus Existe" – o Deus dos cristãos – não cabe dentro da *Bitola.*

Portanto, esse Deus não existe, é um delírio.

É evidente que o leitor atento e inteligente não vai engolir uma coisa assim tão simples ou simplória sem fazer qualquer exigência. É necessário que o autor demonstre que sua proposta tem fundamento. Terá de provar antes de tudo a veracidade da primeira premissa que dá o empurrão inicial à cascata: Qualquer inteligência criativa é produto da evolução. Conseguirá ele provar? É o que veremos.

3

O grande argumento

Com a "Hipótese de que Deus Existe", Richard Dawkins na realidade está dizendo o seguinte: "Vamos supor que Deus – o Deus dos cristãos – existe. Pois eu vou provar que isto é um delírio, uma ilusão". E para conseguir essa façanha, ele invoca as leis da probabilidade – ou da improbabilidade – estatística. É o seu grande argumento. Ele afirma: "A Hipótese de que Deus Existe também está muito próxima de ser descartada pelas leis da probabilidade. Tratarei disso no capítulo quatro" (p. 74).

O capítulo quatro é o coração do livro e tem por título "Por que quase com certeza Deus não existe". O autor começa esse capítulo com a seguinte afirmação:

> O argumento da improbabilidade é o grande argumento. Em sua forma tradicional, o argumento do design (Projeto Inteligente) é certamente o mais popular da atualidade a favor da existência de Deus e é encarado, por um número incrivelmente grande de teístas, como completa e absolutamente convincente. Ele é realmente um argumento fortíssimo e desconfio que irrespondível – mas exatamente na direção contrária da intenção dos teístas. O argumento da improbabilidade, empregado de forma adequada, chega perto de provar que Deus não existe (p. 154).

Note-se que Dawkins diz que o argumento que ele vai usar "chega perto de provar que Deus não existe". Chega perto, portanto não prova totalmente, irrefutavelmente como dois mais dois são quatro. Fica sempre uma pequena brecha para a existência de Deus. Aliás, é por esse motivo que ele não se diz um ateu absoluto, pois tem alguns traços de crente.

Com o argumento da probabilidade, o autor pretende eliminar Deus em três áreas:

- na evolução da vida;
- na criação da vida;
- na criação do universo.

O que vem a ser esse argumento da probabilidade ou da improbabilidade? Vamos explicar. Imagine um avião tremendamente sofisticado, um Boeing 747, por exemplo. Haveria alguma probabilidade de esse avião ter sido fabricado sem nenhum projeto, sem desenho e sem guia de construção? Imagine uma pessoa que nunca viu um avião – isto hoje é difícil, mas faça de conta. Coloque essa pessoa no meio de um imenso depósito de peças de todos os tipos e tamanhos e diga a ela: "Faça um Boeing 747". Mas a pessoa, coitada, não sabe o que é um Boeing 747, não tem em mãos nenhum projeto dele, nenhum desenho, nenhum guia de construção. Qual é a probabilidade de sair daí um Boeing?

Ao fazer essa pergunta e ao tentar dar uma resposta, entramos no argumento da probabilidade – ou da improbabilidade – estatística. Esse argumento diz o seguinte: Quanto maior for a dificuldade de uma coisa acontecer por acaso, por pura sorte, tanto menor será a probabilidade de essa coisa existir.

Deus na evolução da vida

Agora imagine, por um instante, que esse mesmo Boeing 747 seja um ser vivo, semelhante a um condor majestoso, com todos os seus órgãos sofisticados e tremendamente complexos funcionando perfeitamente e capaz de alçar voos soberanos. Como é que esse ser vivente apareceu voando por aí?

Vamos responder através de uma alegoria. No mesmo grande depósito de peças estão duas pessoas que nunca viram um Boeing 747 vivente, que não têm em mãos nenhum projeto dele, nenhum desenho, nenhum guia de construção e que não receberam nenhuma ordem para construí-lo. Uma delas se chama Mutação e a outra, Seleção. Lá está a engenhoca vivente que estão construindo. Elas não sabem absolutamente o que estão construindo, não tem nenhum projeto, não sabem aonde vão chegar, mas continuam construindo às cegas. O método de construção é sempre o mesmo: a Sra. Mutação pega uma peça totalmente ao acaso no depósito – pode ser um guidão de bicicleta, uma mola de amortecedor, um parafuso, um chip de computador – e a encaixa na engenhoca. A Sra. Seleção fica de olho, observando o funcionamento da máquina por algum tempo. Se a peça colocada representar uma melhora – deixa a máquina mais forte, mais rápida –, ela fica definitivamente incorporada. Então essa máquina é reproduzida aos milhares, porque a demanda pela clientela é grande por causa da vantagem introduzida. E o modelo anterior, menos competitivo, cai no esquecimento.

E assim se passam milhões de anos, as duas senhoras trabalhando no depósito de peças, alterando continuamente a máquina sempre pelo mesmo processo da ação aleatória da Sra. Mutação e da observação arguta da Sra. Seleção. E a máquina vai passando por várias metamorfoses. Pode passar pela fase de trator, depois de caminhão, depois cria asas e vira um teco-teco, em seguida um Bandeirante, um caça F5. E, por fim, que maravilha! Surge o Boeing 747 vivente e voante.

Você já pensou em todos os detalhes que essas duas Senhoras têm de acertar na mosca para construir um avião que realmente voe por conta própria? Pense na construção das asas. Elas não podem ser nem muito compridas e nem muito curtas, senão o avião não alça voo. As longarinas, aquelas vigas metálicas que dão sustentação às asas, devem ser calculadas com exatidão para dar a resistência que suporte todo o peso do Boeing. Um erro de cálculo pode causar a quebra das asas em pleno voo. O formato das asas é muito importante. Elas têm de ser planas embaixo e arredondadas em cima, no bordo de ataque. Essa configuração faz com que a lâmina de ar passe mais rapidamente na parte superior da asa e mais lentamente na parte inferior. Isto provoca uma diferença de pressão que será maior na parte inferior, fazendo com que o avião se sustente no ar. Aquelas duas senhoras não sabem nada disso, mas têm de acertar esses detalhes para que o avião de fato voe. E precisam fabricar as asas numa só tacada. Não adianta fazer agora a metade das asas com o perfil correto, deixando a outra metade sem o perfil ou com parte do perfil errado ou invertido. O avião não voaria, e a Sra. Seleção não perdoaria: mandaria a engenhoca inútil para o monte de ferro-velho.

Pense também na complexa ligação do sistema elétrico e eletrônico que constitui o "cérebro" do avião e que comanda os movimentos dos controles em voo. São milhares de cabos que transmitem a corrente elétrica de um dispositivo para outro. E eles não podem ser invertidos ou ligados em terminais errados, o que poderia comprometer o voo do avião. Se existirem no Boeing mil cabos elétricos, eles serão ligados a dois mil terminais. Não sou bom em matemática, mas imagino quantos milhares ou mi-

O grande argumento 39

lhões de tentativas que a Sra. Mutação teria de fazer às cegas, sem ter em mãos um esquema das ligações e sem saber o que está fazendo, para acertar todas as ligações dos fios nos seus terminais corretos.

E agora a grande pergunta: Haveria alguma probabilidade de esse ser vivo, tremendamente sofisticado, ter surgido assim às cegas, sem projeto, sem desenhos e sem ordem de fabricação?

Resposta 1: Sim, sem nenhuma dúvida, afirma o biólogo Richard Dawkins, em coro com os que admitem a evolução darwiniana cega, não projetada nem planejada. Diz ele que a seleção natural cega é um guindaste poderoso que teria erguido a vida desde o ser simples – a primeira célula viva – até os seres mais complexos que vemos hoje na natureza. "A seleção natural é o maior guindaste de todos os tempos. Ele elevou a vida da simplicidade primeva a altitudes estonteantes de complexidade, beleza e aparente desígnio que hoje nos deslumbram" (p. 109). Por isso, a construção de um Boeing 747 por meio desse guindaste maravilhoso seria coisa fácil (p. 166). Esse poderoso guindaste teria até mesmo construído um ser muitíssimo mais complicado do que um Boeing 747 vivente: o *Homo sapiens*, um ser dotado de consciência e de inteligência que é capaz de projetar e construir um Boeing 747 não vivente, mas voante.

Portanto, para essas pessoas, Deus não seria o orientador da vida em evolução. O guindaste todo poderoso da seleção natural faria tudo sozinho e com facilidade. E se você, leitor, não está convencido disso, é porque não foi conscientizado pelo extraordinário poder que tem a seleção natural. Aliás, esta é uma das intenções do livro, como vimos no início: conscientizar a respeito desse poder. Diz o autor que "talvez seja necessário ser impregnado de seleção natural, imerso nela, nadar nela, para que se possa realmente apreciar seu poder" (p. 160). Portanto, se o leitor ainda não se impregnou da seleção natural, não mergulhou fundo em suas águas, não se lambuzou todo nela, nunca irá compreender o seu maravilhoso poder.

Resposta 2: Não, responde o biólogo Michael Behe, juntamente com os que admitem que a evolução não pode ser cega, mas que tem de ser orientada ou planejada. Diz ele que a tremenda complexidade dos seres vivos, revelada principalmente nas últimas descobertas no campo da microbiologia, exige a ação de um projetista para guiar a evolução. Ou, em outras palavras, o poderoso guindaste da seleção natural teria de ter um "guindastista", alguém ou alguma coisa capaz de orientar os seus movimentos.

Charles Darwin, em sua famosa viagem ao redor do mundo a bordo do navio Beagle, estudou os animais somente no que diz respeito à macrobiologia. Ele observava apenas os cascos dos cavalos, os bicos dos tentilhões, as carapaças das tartarugas, e tirava daí suas conclusões. Não tinha nenhuma ideia – nem podia ter naquele tempo – sobre o mundo microbiológico, sobre a estrutura da célula e de seus componentes que constituem a base da vida. As novas descobertas nessa área que mostraram a tremenda complexidade estrutural e funcional da célula põem sérios obstáculos à teoria darwiniana.

Darwin disse aquela famosa frase que agora parece desabar sobre sua cabeça: "Se pudesse ser demonstrada a existência de qualquer órgão complexo que não poderia ter sido formado por numerosas, sucessivas e ligeiras modificações, minha teoria desmoronaria por completo. Mas não consigo encontrar nenhum caso assim" (p. 170). Michael Behe aceitou o desafio e diz que conseguiu encontrar muitos casos assim. Em seu livro *A Caixa Preta de Darwin*, ele afirma que pode ser perfeitamente demonstrada a existência de órgãos complexos que não podem ter sido formados por "numerosas, sucessivas e ligeiras modificações". Não só afirma, mas também apresenta exemplos concretos de "casos assim".

Portanto, para esses cientistas, o guindaste da seleção natural darwiniana não seria capaz de construir sozinho e às cegas a vida em toda a sua complexidade. Haveria a necessidade de um planejamento.

Conclusão: estamos diante de uma discussão acirrada hoje em dia entre os adeptos da evolução cega e os da evolução planejada. Quem estará com a razão? Parece que teremos de ficar atentos às pesquisas dos cientistas até que apareça uma luz no fim do túnel. Se não surgir um fato novo ou uma nova descoberta que decida em favor de um dos lados, essa discussão poderá continuar *per saecula*.

E Deus continuará sendo um candidato como orientador da evolução dos seres vivos.

4

Deus na criação da vida

Depois de tentar eliminar Deus como orientador da evolução dos seres vivos, invocando em seu lugar o poderoso guindaste da seleção natural, Dawkins ataca nas outras áreas. Procura eliminá--lo como o criador da vida e do universo. E aqui ele volta ao argumento da probabilidade estatística. Diz que não se pode provar cientificamente (pelas leis da física ou da matemática) que Deus existe. Como também não se pode provar que Ele não existe. Ficamos então num empate: 50% de probabilidade que Ele existe e 50% de probabilidade que não existe.

Mas o autor afirma que isso não é verdade e que ele vai provar que a probabilidade de que Deus existe chega perto de zero. Chega *perto* de zero, mas nunca ao zero absoluto, como ele admite: "E, mesmo que a existência de Deus jamais seja comprovada nem descartada com certeza, as evidências existentes e o raciocínio podem criar uma estimativa de probabilidade que se afaste dos 50%" (p. 79). Ele explica.

O que interessa não é se a inexistência de Deus pode ser comprovada (não pode), mas se sua existência é *possível*. Essa é outra história. Algumas coisas não comprováveis são julgadas, de modo sensato, bem menos possíveis que outras coisas não comprováveis. Não há motivo para achar que Deus está imune à análise ao longo do espectro das probabilidades. E certamente não há motivo para supor que, só porque Deus não pode ter sua existên-

44 Deus no século XXI

cia comprovada ou descartada, a probabilidade de sua existência seja 50%. Pelo contrário, como veremos (p. 84).

Dawkins vai tentar provar, então, que "as *evidências* existentes e o *raciocínio*" levam a concluir que a probabilidade da existência de Deus chega perto de zero. Para isso, ele usa dois eventos importantes da história do universo: a *origem da vida* na terra e a *origem do universo*.

Antes de tudo, cabe aqui uma observação: o Deus de que se fala agora é o Deus dos cristãos, porque se trata de um Deus cuja existência está antes do início da vida e do universo. Portanto, um Deus que está fora da *Bitola Dawkinsiana*.

Deus na origem da vida

Na *Bitola dawkinsiana* existe um ponto nevrálgico, único na história, o ponto onde a vida surgiu. Depois que o primeiro ser vivo – o mais simples de todos – apareceu, a vida continuou evoluindo a partir dele, por obra e graça do poderoso guindaste da seleção natural. Mas como é que o primeiro ser vivo simples apareceu por aí? Michael Behe faz uma observação: "A questão da origem da vida é de importância e interesse extraordinários. A biologia, em última análise, terá de responder à seguinte pergunta: Mesmo que a vida evolua por meio da ação da seleção natural sobre a variação, como, para começar, surgiu a vida?".[6]

Essa é a grande pergunta. E faz muito tempo que os cientistas tentam respondê-la. Até agora sem sucesso, infelizmente. Mas houve momentos em que as esperanças de desvendar o mistério da vida causaram grande euforia.

[6] Michael Behe, *A Caixa Preta de Darwin*, Jorge Zahar Editor, 1997, p. 170.

A primeira tentativa mais famosa foi feita na década de 1950 por Stanley Miller, um jovem estudante de pós-graduação na Universidade de Chicago. Miller imaginava que há bilhões de anos existia na terra primitiva elementos simples, como metano, amônia, hidrogênio e vapor de água. Mas esses elementos são inertes e dificilmente reagem entre si. Então ele imaginou que deveria existir alguma energia naquele tempo que tenha dado início a alguma reação entre esses elementos para a formação da vida. Na terra primitiva deveriam cair muitos raios. Eles poderiam ser esse tipo de energia. E assim Miller construiu em laboratório um aparelho no qual introduziu os gases que ele imaginava existir nos primórdios da terra e juntou eletrodos para produzir faíscas, simulando os relâmpagos.

Durante uma semana, Miller descarregou faíscas na mistura de gases no aparelho. Um alcatrão oleoso apareceu nas paredes internas dos frascos. Ao final da experiência, ele analisou aquela mistura obtida e descobriu que ela continha vários tipos de aminoácidos. O resultado eletrizou o mundo. Os aminoácidos são justamente os blocos de armar das proteínas, elementos essenciais de todo ser vivo. Estaria a ciência no caminho de descobrir a origem da vida?

Behe ironicamente descreve como muitos cientistas imaginavam o "nascimento" do primeiro ser autorreplicante. Lá na terra primitiva aminoácidos teriam naturalmente se formado. Alguns deles teriam se reunido para formar proteínas. Proteínas seriam aprisionadas dentro de membranas semelhantes a células. Ácidos nucleicos seriam produzidos por processos semelhantes. Assim, aos poucos, teria nascido a primeira célula autorreplicante. E o primeiro ser vivo teria aparecido, dando início à evolução que levaria ao maravilhoso mundo dos seres vivos que hoje admiramos.

Isto é o que se chama dar asas à imaginação!

Outros pesquisadores trabalharam arduamente, dando continuidade aos estudos de Miller. Talvez os resultados mais no-

46 Deus no século XXI

táveis tenham sido aqueles obtidos no laboratório de Juan Orò. Descobriu-se que o elemento químico cianeto de hidrogênio podia reagir consigo mesmo para gerar alguns produtos, incluindo a adenina, que é um componente de um dos blocos de armar dos ácidos nucleicos. Essa descoberta revelou que o DNA e o RNA estão intimamente ligados à pesquisa da origem da vida.

Começou então uma nova onda de euforia: a esperança de que o RNA tenha sido o primeiro ser autorreplicante que deu início à vida. Mas decepção! A esperança se diluiu diante das grandes dificuldades encontradas para explicar a inacreditável complexidade das combinações necessárias para produzir a vida. E a pergunta misteriosa continua: A vida surgiu por acaso, por pura sorte, ou foi o resultado de um planejamento?

Existe até um órgão especializado para estudar esse assunto: a Sociedade Internacional para o Estudo da Origem da Vida. Atualmente é dirigida por Antônio Lazcano, que escreveu o livro *A Origem da Vida*. Ele afirma que a origem da vida está longe de ser descoberta, e talvez nunca o seja: "Uma das características da vida, porém, é certa: a vida não poderia ter evoluído sem um mecanismo genético capaz de armazenar, reproduzir e transmitir para sua descendência informações que podem mudar com o tempo. Como, precisamente, o primeiro mecanismo genético se desenvolveu permanece uma questão sem resposta. O caminho exato que nos leve à origem da vida pode nunca ser descoberto".[7]

Em consequência dessa tremenda dificuldade de explicar como a vida começou, hoje existe um consenso entre os cientistas de que é absurdamente improvável que ela tenha surgido por

---

[7] Antonio Lazcano, citado por Antony Flew, em *Um ateu garante: Deus existe*, Ediouro Publicações S.A., 2008, p. 126.

acaso, por pura sorte. É famosa a comparação do astrônomo Fred Hoyle, que disse que o aparecimento da vida na terra por meios puramente naturais seria tão improvável quanto é improvável um Boeing 747 ser construído durante a passagem de um furacão por um depósito de ferro-velho.

O próprio Dawkins concorda que o início da vida foi de fato um evento altamente improvável: "A origem da vida só teve de acontecer uma vez. Portanto, podemos permitir que ela tenha sido um evento altamente improvável, muitas ordens de magnitude mais improvável que a maioria das pessoas imagina" (p. 183). E mais adiante ele confirma: "Mas o surgimento espontâneo, por acaso, da primeira molécula hereditária é considerado improvável por muita gente. Talvez seja – improbabilíssimo, e tratarei disso, pois é um ponto central para esta parte do livro" (p. 186).

Entretanto, apesar de o surgimento espontâneo, por acaso, da primeira molécula hereditária ser *improbabilíssimo*, o autor vai tentar provar que existe grande probabilidade de ela ter surgido por pura sorte, em algum lugar do universo. Parece um contrassenso, mas é o que ele vai tentar fazer.

Na página 183 e seguintes do livro *Deus, um delírio,* ele constrói seu raciocínio que, para simplificar e para fazer "saltar aos olhos", podemos colocar em argumentos na forma de silogismo:

ARGUMENTO 1:
Se for grande a probabilidade de se explicar a origem da vida pelas leis naturais, a probabilidade de Deus ter sido o autor da vida cai para perto de zero.

A probabilidade de se explicar a origem da vida pelas leis naturais é grande.

Portanto, a probabilidade de Deus ter sido o autor da vida cai para perto de zero.

Concordamos com a primeira premissa. De fato, se houver uma explicação da origem da vida pelas leis naturais, não se pode nem se deve invocar Deus como o criador imediato da vida. O problema, então, está na segunda premissa: A probabilidade de se explicar a origem da vida pelas leis naturais é grande. Como é que Dawkins tenta provar? Vejamos.

Começa seu argumento dizendo que a vida como a nossa só pode existir em planetas que tenham as condições semelhantes às da terra: planetas que tenham água, elementos químicos diversos e temperatura na faixa adequada. Os que não contam com essas condições não têm possibilidade de ter vida, portanto ficam fora da lista dos candidatos à vida.

Depois dessa consideração preliminar, o autor constrói o seu argumento, conhecido como argumento dos grandes números ou da sorte grande. Afirma que existem em nossa galáxia – a Via Láctea – de 1 a 30 bilhões de planetas. Como há 100 bilhões de galáxias no universo, multiplique (1 a 30) bilhões de planetas por 100 bilhões de galáxias para obter o número total de planetas no universo. O resultado é um número astronômico. O autor faz uma simplificação: "Eliminando alguns zeros por mera prudência, 1 bilhão de bilhões é a estimativa conservadora do número de planetas disponíveis no universo" (p. 187). Em seguida, ele apresenta o seu argumento da sorte grande:

> Suponha que a origem da vida, o surgimento espontâneo de alguma coisa equivalente ao DNA, realmente seja um evento incrivelmente improvável. Suponha que seja tão improvável que aconteça em apenas 1 entre 1 bilhão de planetas... Mesmo assim... mesmo com probabilidades tão absurdamente escassas, a vida ainda teria surgido em 1 bilhão de planetas – entre os quais está, é claro, a Terra (p. 187).

Deus na criação da vida

Para tornar mais compreensível, podemos colocar o raciocínio do autor em forma de um novo argumento, com o qual se tenta provar a veracidade da segunda premissa do Argumento 1 acima, que dizia que "a probabilidade de se explicar a origem da vida pelas leis naturais é grande":

ARGUMENTO 2:
Se o número de planetas no universo for muito grande, a probabilidade de a vida ter surgido por acaso no universo também será grande.

O número de planetas no universo é tão grande que, mesmo que a sorte de a vida aparecer no universo seja na proporção de 1 para 1 bilhão, assim mesmo a vida apareceria em 1 bilhão de planetas.

Portanto, a probabilidade de a vida ter surgido por acaso em algum planeta do universo é muito grande.

Assim, argumenta o autor, fica provado que a probabilidade de se explicar a origem da vida por meios naturais – no caso, pela loteria da sorte – é muito grande. Portanto, pode-se concluir que a probabilidade de Deus ter sido o autor da vida cai para perto de zero.

Se o leitor tem bom "faro" filosófico, deve ter notado alguma coisa estranha no Argumento 2. Pois existe. O raciocínio de Dawkins está montado em cima de uma falácia. Os filósofos entendem por falácia um tipo de argumento em que um mesmo termo é tomado com dois sentidos diferentes. Um exemplo clássico de falácia é o seguinte:

O cão late.
Aquele conjunto de estrelas (constelação) lá em cima é o cão.
Portanto, aquele conjunto de estrelas late.

No exemplo, o termo "cão" é tomado em dois sentidos distintos: cão-animal e cão-constelação. É lógico que a conclusão será um absurdo. A falácia é um pecado mortal contra o raciocínio lógico, pois contém quatro termos.

Colocando esse raciocínio na forma matemática, fica:

Se	A = B
e	C = D
então	C = B

Note-se que o termo D está sobrando. Como ficou explicado acima, o verdadeiro silogismo deve ter somente três termos.

Onde está a falácia no raciocínio de Dawkins? Está justamente em tomar a palavra "planeta" em dois sentidos diferentes: "planeta-onde-a-vida-é-possível" e "planeta-onde-a-vida-é-impossível". Colocando na forma de silogismo, o raciocínio do autor ficaria assim:

Os "planetas-onde-a-vida-é-possível" podem ter vida.

O conjunto de planetas do universo é de "planetas-onde-a-vida-é-possível".

Portanto, o conjunto de planetas do universo pode ter vida.

A primeira premissa trata-se somente dos planetas onde a vida é realmente possível, onde há água, elementos químicos e temperaturas ideais para a vida. A segunda trata-se da mistura de dois tipos de planetas: aqueles onde a vida é realmente possível e aqueles onde a vida é impossível. Portanto, existem quatro termos no silogismo, o que é um erro grave de lógica. E a conclusão torna-se um absurdo. Ou, como dizem os filósofos, a conclusão não procede.

O próprio Dawkins refuta a segunda premissa. Pois ele se contradiz por ter afirmado, pouco antes, que "a grande maioria dos planetas do universo... não é adequada à vida. Em nenhum planeta dessa maioria há vida" (p. 185).

Numa loteria, os números envolvidos têm todos a mesma chance de serem sorteados. Não se pode dizer que alguns números têm mais chance que outros. Mas, na loteria da sorte grande da vida montada pelo autor, alguns planetas têm mais chance que outros. E alguns não têm chance nenhuma. Aposto e ganho que Dawkins jamais apostaria no planeta Mercúrio, por exemplo, pois ele sabe que a vida naquele planeta é totalmente improvável.

Para que a conclusão seja verdadeira, temos de tomar o termo *planeta* com um sentido único e bem definido. No caso, devemos tomar no sentido de "planeta-onde-a-vida-é-possível". E temos que tirar do raciocínio todos os planetas onde a vida é impossível, a começar pelos planetas do nosso sistema solar. Temos certeza absoluta de que a probabilidade de vida em Júpiter, Saturno, Mercúrio, Urânio, Vênus etc. é nula. Portanto, esses planetas não podem entrar no argumento da sorte grande, porque neles não há a mínima probabilidade de existir condições para a vida. O mesmo devemos fazer com todos os "sistemas solares" do universo: retirar todos os planetas onde a vida é totalmente impossível e ficar somente com aqueles onde ela é possível. O número total desses últimos fica, então, tremendamente reduzido. Não é mais um número de planetas tão grande que, "mesmo que a sorte de a vida aparecer no universo seja na proporção de 1 para 1 bilhão, assim mesmo a vida apareceria em 1 bilhão de planetas".

Talvez a confusão toda tenha sido criada pelo uso da palavra *planeta*. Podemos pensar diferente: tomar todos os corpos celestes – os planetas inclusive – e perguntar: Que lugar neste imenso universo tem todas as condições necessárias para a vida? A resposta é simples: pelo que sabemos até hoje, só a terra. Os nossos potentes telescópios ainda não descobriram, até o momento, algum outro lugar no universo onde, com absoluta certeza, haja todas as condições favoráveis à vida. Portanto, a probabilidade de a vida ter começado por sorte em algum lugar do universo é extremamente baixa, ao contrário da conclusão a que o autor chegou com sua falácia. O tiro sai pela culatra.

Então, temos de alterar o Argumento 1 acima do seguinte modo:

Se for grande a probabilidade de se explicar a origem da vida pelas leis naturais, a probabilidade de o Deus dos cristãos ter sido o autor da vida cai para perto de zero.

A probabilidade de se explicar a origem da vida pelas leis naturais NÃO é grande.

Portanto, a probabilidade de Deus ter sido o autor da vida NÃO cai para perto de zero.

Depois de ter montado o seu argumento da sorte grande, Dawkins canta vitória: "Mesmo aceitando a estimativa mais pessimista para a probabilidade de que a vida possa surgir espontaneamente, esse argumento estatístico demole completamente qualquer sugestão de que devamos postular um design (Deus) para preencher a lacuna" (p. 188).

Demole completamente a necessidade de um design? Como, Sr. Richard Dawkins? Em cima de uma falácia?

Dizem que a falácia é um argumento para enganar trouxas. Então, que fiquem atentos os leitores de Dawkins!

Fico pensando o que teria levado o autor a cometer um erro grave desse tipo contra o raciocínio lógico. Duas hipóteses: ou ele agiu de modo premeditado, com a intenção de dar ânimo aos seus adeptos do clube do "orgulho ateu" não iniciados em filosofia, ou fez por ignorância das leis da lógica aristotélica. Não acredito na primeira hipótese. Fico com a segunda. Penso que Dawkins não quis armar propositadamente uma falácia aos seus leitores. Talvez ele próprio tenha caído, sem querer, numa armadilha: a sua ignorância em filosofia. Afinal de contas, ele não tem formação filosófica nem teológica. Dawkins é um biólogo especializado em etologia, a ciência que estuda o comportamento dos animais.

Portanto, continua tremendamente improvável que a vida tenha surgido por acaso, por pura sorte. E continua válida a famosa comparação do astrônomo Fred Hoyle de que a vida ter surgido por acaso é tão improvável quanto é improvável um Boeing 747 ser construído durante a passagem de um furacão por um depósito de ferro-velho. E mais: continua em pé a afirmação do próprio Dawkins de que a vida "tenha sido um evento altamente improvável, muitas ordens de magnitude mais improvável que a maioria das pessoas imagina" (p. 183).

E Deus continua sendo um candidato forte a criador da vida.

5

Deus na origem do Universo

Depois de ter aplicado o argumento da improbabilidade na origem da vida, Richard Dawkins passa a considerá-lo na origem do universo. Pois a origem deste é outro ponto crucial do dogma da *Bitola Dawkinsiana*, segundo o qual o universo também teria surgido de um ser extremamente simples que deu origem aos seres complexos – as galáxias, as estrelas e os planetas – segundo um tipo de evolução análogo ao de Darwin no mundo dos seres vivos. Diz ele: "Longe de indicar um projetista, a ilusão de que o mundo vivo foi projetado é explicada de modo bem mais econômico e com elegância devastadora pela seleção natural darwiniana. E, embora a seleção natural por si só se limite a explicar o mundo das coisas vivas, ela nos conscientiza para a probabilidade de que haja 'guindastes' explicativos comparáveis que possam ajudar-nos a entender o próprio cosmos" (p. 25).

Para tentar eliminar Deus na origem do universo, ele usa o mesmo tipo de raciocínio que foi usado na origem da vida. Podemos colocá-lo na seguinte forma:

ARGUMENTO 1:

Se for grande a probabilidade de se explicar a origem do universo pelas leis naturais, a probabilidade de Deus ter sido o autor do universo cai para perto de zero.

A probabilidade de se explicar a origem do universo pelas leis naturais é grande.

Portanto, a probabilidade de Deus ter sido o autor do universo cai para perto de zero.

Concordamos com a primeira premissa. O problema está na segunda: A probabilidade de se explicar a origem do universo pelas leis naturais é grande. Como Dawkins tenta provar? Vejamos.

Primeiro ele faz uma introdução explicando que, se as leis e constantes da física fossem ligeiramente diferentes, o universo não existiria ou seria outro, de tal forma que a vida não seria possível (p. 191). De fato, no final do século XX os cientistas descobriram uma coisa extraordinária, considerada uma das descobertas mais fascinantes da ciência moderna. Para que exista esse universo que aí está e para que haja vida na terra, várias constantes físicas têm de estar dentro de limites muito estreitos. Caso contrário, nem o universo nem a vida seriam possíveis. É como se essas constantes estivessem em equilíbrio em cima de um fio de navalha.

É a teoria chamada de *Fine-Tuning* (Ajuste Fino). Por exemplo, se a força da gravidade fosse apenas um pouquinho mais forte, todas as estrelas seriam gigantes azuis; se fosse apenas um pouquinho mais fraca, todas as estrelas seriam anãs vermelhas, e em nenhum desses casos a vida poderia ter-se desenvolvido. Segundo o maior astrofísico da atualidade, Stephen Hawking, autor do best-seller *Uma breve história do tempo*, a vida só é possível porque o universo expande-se a uma taxa exatamente requerida para evitar o colapso. Em um momento lá no início do universo, frações de segundo após o *Big Bang*, observa ele, o Ajuste Fino teve de ser de uma exatidão incrível: "Nós sabemos que deve ter havido um equilíbrio muito íntimo entre os efeitos competitivos da expansão explosiva e os da contração gravitacional que teriam correspondido a um grau incrível de precisão".[8]

Um grau incrível de precisão também existe na razão *elétrons:prótons*, precisão que permite um desvio máximo de $1:10^{37}$ (1 para 10^{37}). Esse grau de ajuste é praticamente impossível de ser imaginado. Hugh Ross em seu livro, *O Criador e o Cosmos,* tenta dar uma ideia do que significa esse número, usando de uma analogia que transcrevemos aqui:

> Cubra todo o continente norte-americano com moedas e vá colocando moeda sobre moeda até se chegar à lua (a 384 mil km de distância). Agora imagine mais um bilhão de continentes do mesmo tamanho do norte-americano e faça o mesmo: coloque moedas em todas as superfícies e faça pilhas até chegar à lua. Em seguida pinte uma única moeda de vermelho e coloque-a no meio dos milhares de milhões de pilhas. Agora ate uma venda nos olhos de um amigo e peça que ele retire uma moeda das pilhas. A chance que ele terá de pegar justamente a moeda vermelha é de $1:10^{37}$ (1 para 10^{37}).

Pois bem, o ajuste que deve ter a relação entre a massa dos elétrons e dos prótons na natureza é tão apertado que, se esse ajuste fosse diferente de $1:10^{37}$, o mundo que aí está não existiria e a vida menos ainda. E nós não estaríamos aqui para contar essa história.

O presidente da Royal Society inglesa, o astrofísico Martin Rees, em seu livro *Apenas seis números*, também afirma que existem seis números que necessitam de Ajuste Fino. Um

---

[8] Cf. John Polkinghorne, *Science and Creation: The Search for Understanding*, Random House, 1989, p. 22.

58 Deus no século XXI

desses números é o 0,007, que é associado à "força forte", a força que conserva unidos os componentes do núcleo do átomo. Se essa força fosse um pouquinho menor – de 0,006 em vez de 0,007, por exemplo – o universo só teria hidrogênio, e a vida não seria possível. Se ela fosse um pouquinho maior – de 0,008, por exemplo – todo o hidrogênio teria se fundido e criado elementos mais pesados. E sem hidrogênio não haveria vida na terra.

Então, o número mágico 0,007 fica numa faixa de valores bem estreita – chamada pelo autor de Cachinhos Dourados* – fora da qual a vida não teria sido possível (p. 193).

Aqui entra a lei da improbabilidade que afirma ser tremendamente improvável que essas constantes físicas numa faixa tão estreita, fora da qual não existiria o universo nem a vida na terra, tenham aparecido por acaso, por pura sorte. Nenhum cientista seria louco de afirmar, por exemplo, que a relação *elétrons:prótons* com ajuste tão apertado de 1 para 10^{37} é uma obra do puro acaso. O próprio Dawkins concorda que existe de fato uma só maneira como o universo possa existir na faixa estreita dos Cachinhos Dourados. Ele pergunta: Por que essa maneira de o universo existir "teve de ser tão adequada à nossa evolução? Por que ela teve de ser o tipo de universo que quase parece que, nas palavras do físico teórico Freeman Dyson, sabia que estávamos chegando?"(p. 196).

Para explicar a origem dessa faixa apertada do Ajuste Fino, fora da qual o mundo que aí está não existiria, o autor sugere duas respostas: a resposta *teísta* e a resposta *antrópica*.

---

* Expressão proveniente da palavra inglesa Goldilocks.

A resposta teísta

A resposta *teísta* diz que Deus, quando criou o universo, teria sintonizado as constantes fundamentais (os seis números) para que cada uma delas ficasse exatamente dentro da faixa apertada dos Cachinhos Dourados (p. 194). Então, como no caso do início da vida, o início do universo demandaria um projetista que teria feito os ajustes.

E imediatamente o autor rejeita a resposta teísta: "Como sempre, a resposta teísta é profundamente insatisfatória, porque deixa inexplicada a existência de Deus. Um Deus capaz de calcular os valores Cachinhos Dourados para os seis números teria de ser no mínimo tão improvável quanto a própria combinação afinada dos números, e isso é mesmo muito improvável – esta, na verdade, é a premissa de toda a discussão que estamos mantendo" (p. 194).

Para tentar entender o que significa esse palavreado confuso, temos de adiantar uma coisa que vai ser exposta no próximo capítulo. O raciocínio do autor pode ser assim resumido:

Um ser que cria uma coisa complexa tem de ser tão complexo ou mais complexo que essa coisa. E quanto mais complexa é uma coisa, tanto mais improvável é sua existência. O Ajuste Fino dos valores Cachinhos Dourados é uma coisa tremendamente complexa. Portanto, Deus, para fazer o Ajuste Fino, deveria ser tremendamente complexo – tão complexo ou mais complexo que o próprio Ajuste Fino – e, em consequência, tremendamente improvável. Portanto, a resposta teísta para explicar a faixa apertada dos Cachinhos Dourados seria também tremendamente improvável.

Note-se que Dawkins coloca aqui uma qualidade que os cristãos nunca imaginaram em Deus: a complexidade. Como veremos no próximo capítulo, o autor imagina Deus como um ser complexo, feito de inúmeras partes materiais. Mas o Deus dos cristãos é tido como um ser sobrenatural, espiritual, sem matéria. E lá no começo do livro Dawkins disse que era esse Deus sobrenatural, sem matéria, que ele queria provar que é um delírio. Agora ele muda de ideia e atribui complexidade material em Deus. Está tomando Deus com dois sentidos distintos. Mais uma falácia dawkinsiana!

Aqui também ele canta vitória: "Assim, a resposta teísta não consegue obter nenhum avanço para solucionar o problema de que estamos tratando. Não vejo alternativa senão desqualificá-la, estupefato ao mesmo tempo com o número de pessoas que não conseguem enxergar o problema e parecem genuinamente satisfeitas com o argumento do Ajustador de Botões Divino" (p. 194).

Desqualificar a alternativa teísta? Como, Sr. Richard Dawkins? Em cima de uma falácia?

A resposta antrópica

Em seguida, o autor passa a considerar a *resposta antrópica*. O seu argumento é também apoiado na magia dos grandes números – na sorte grande – e pode ser colocado assim:

ARGUMENTO 2:
Se o número de universos for muito grande, a probabilidade de o Ajuste Fino ter acontecido por sorte em algum desses universos também será grande.

O número de universos é muito grande (talvez infinito).

Portanto, a probabilidade de o Ajuste Fino ter acontecido por sorte em algum universo será grande.

Concordamos com a primeira premissa. O problema está na segunda: O número de universos é muito grande (talvez infinito). Como é que Dawkins tenta provar? Vejamos.

Alguns físicos teóricos, diante do problema complicado e praticamente insolúvel de explicar o Ajuste Fino das leis do nosso universo, entraram com uma proposta ou, se quiser, uma válvula de escape para tentar uma solução. É a proposta do multiverso (em contraposição a universo), que diz que podem existir muitos universos, talvez até um número infinito deles. Seriam como bolhas gigantescas, uma ao lado da outra, mas sem comunicação entre si. Cada universo teria as suas leis físicas próprias. E, então, vem a pergunta: Dentre esses inúmeros universos, poderia haver algum que por acaso, por pura sorte, teria as leis com o Ajuste Fino exatamente na faixa dos Cachinhos Dourados para que a vida fosse possível?

E aqui entra o tal do princípio antrópico para dar a resposta. Mas antes é necessária uma explicação sobre o que vem a ser esse princípio. O astrofísico Stephen Hawking distingue dois tipos de princípio antrópico: o fraco e o forte.

O antrópico fraco diz o seguinte: "Vemos o universo da maneira que é, porque existimos". Se o universo fosse diferente, não existiríamos para vê-lo. Se estamos aqui na terra, vivos e observando tudo, é sinal que as condições para que a vida aconteça realmente existiram, do contrário não estaríamos aqui. E se existimos, é também possível toda a cadeia de acontecimentos que nos trouxe até aqui.

O antrópico forte supõe a existência de muitos universos, cada um com suas leis físicas próprias. Somente no universo com leis físicas como as do nosso é que seres inteligentes existiriam e fariam a pergunta: "Por que o universo é do jeito que o vemos?". E a resposta seria: "Se fosse diferente, não estaríamos aqui!".[9]

Então, a resposta antrópica à pergunta se de fato existe um universo com as faixas estreitas do Ajuste Fino seria esta: Sim, existe, porque se não existisse não estaríamos aqui vivendo nesse universo. Dawkins usa esse princípio para tentar provar que a probabilidade de Deus ser o autor do nosso universo é muito baixa, perto de zero. E sabem qual é a prova? É a seguinte: "O princípio antrópico aparece para explicar que temos de estar em um desses universos cujas leis locais por acaso foram propícias à nossa evolução, e daí passar à contemplação do problema" (p. 197).

E é só. Veja como foi fácil tirar Deus da jogada! Dentre os inúmeros universos que por aí existem (existem?), surgiu um cujas leis por acaso estavam dentro das faixas estreitas do Ajuste Fino e assim foram propícias à nossa evolução. Pura sorte! E sorte nossa de estarmos vivos, contemplando esse universo!

Mas, Sr. Richard Dawkins, como surgiu nosso universo? E como é que os universos paralelos apareceram por aí? Eles de fato existem?

A sugestão do multiverso parece ser uma coisa inventada *ad hoc*, isto é, inventada somente para tentar explicar o problema de o Ajuste Fino ter acontecido por pura sorte. Ela não tem respaldo científico. Muitos acham que não passa de ficção científica no velho estilo dos filmes de Hollywood.

Não há dúvida de que é logicamente possível a existência de múltiplos universos por aí, mas isso não significa que eles realmente existam. Aqui vale o velho princípio da filosofia aristo-

---

[9] Stephen Hawking e Leonard Mlodinow, *Uma Nova História do Tempo*, Ediouro, Rio de Janeiro, 2005, p. 133.

Deus na origem do Universo

télica que antigamente se dizia em latim: *De posse ad esse non valet illatio*. Não vale – não é lógico, não é permitido – passar de "poder" para "ser". Muitas coisas podem existir, mas isto não implica que elas existam de fato, a não ser que haja provas sobre sua existência. Seres extraterrestres podem existir, mas eles de fato existem? Ou, usando de um exemplo explorado pelo próprio Dawkins, um bule de chá chinês orbitando em redor do sol pode existir, mas de fato ele existe? Do mesmo modo, o multiverso pode existir, mas até hoje não há nenhuma evidência de que de fato exista. Essa ideia continua sendo meramente especulativa.

Dawkins parece desconhecer o princípio aristotélico e faz o seguinte raciocínio: Um número infinito de universos paralelos pode perfeitamente existir. Portanto, eles existem. E se existem, pode haver um entre eles que tenha os valores do Ajuste Fino iguais ao nosso. Então, a probabilidade de Deus ser o criador do nosso universo cai para perto de zero.

O próprio Martin Rees admite que a sugestão do multiverso tem muitas implicações difíceis de resolver. Por exemplo, se cada universo do multiverso começou de outro universo, onde e como é que tudo começou? O multiverso exigiria um sistema tão complexo de leis, princípios e forças para permitir a existência da vida, que seria necessário admitir a possibilidade de um Criador atrás de tudo.[10]

O filósofo Antony Flew também não gostou dessa escapatória do multiverso:

> Não achei muito útil a alternativa do multiverso. A hipótese de múltiplos universos era uma alternativa desesperada. Se a existência de um único universo requer uma explicação, universos múltiplos requerem uma muito maior: o problema é aumentado

---

[10] Martin Rees, *Before the Beginning*, Reading, MA: Helix Books, 1997.

pelo fator de que teríamos de descobrir o número total desses universos. Vejo isso um pouco como o caso do menino cujo professor não acredita que o cachorro comeu sua lição de casa, e que muda a primeira versão da história dizendo que não foi apenas um cachorro que fez aquilo, mas um enorme bando deles.[11]

Stephen Hawking diz que existem várias objeções contra o princípio antrópico forte invocado para explicar o estado observado do universo. Ele pergunta: "Por exemplo, em que sentido pode-se dizer que todos estes diferentes universos existem? Se forem realmente separados entre si, o que acontece em outro universo pode não ter consequências observáveis no nosso próprio universo. Deveríamos, portanto, usar o princípio da economia e extirpá-los da teoria".[12]

Por "princípio da economia" Hawking se refere ao princípio lógico conhecido como "Navalha de Occam", que diz o seguinte: Toda teoria tem de ser "limpa" de tranqueiras, isto é, de coisas inúteis que não servem para prová-la.*

Nessas alturas de sua argumentação, Dawkins, que havia introduzido a tranqueira do multiverso nas suas provas, percebe que o argumento é fraco e, pressentindo o fio da Navalha de Occam, procura sair pela tangente com esta *joia* retórica:

---

[11] Antony Flew, *Um ateu garante: Deus existe*, Ediouro Publicações S.A., 2008, p. 131.

[12] Stephen Hawking e Leonard Mlodinow, op. cit., p. 133.

* William de Ockham (Occam é a grafia latina) foi um frade franciscano do século XIV. Como discípulo de São Francisco, vivia com o mínimo necessário. Seguia o princípio latino: *Pluralitas non est ponenda sine necessitate* (não se deve recorrer à pluralidade sem necessidade). O princípio de Occam diz que, quanto mais simples uma explanação, melhor. A menos que seja necessário, não se deve introduzir complexidades ou suposições em um argumento.

Deus na origem do Universo 65

É tentador pensar (e muitos sucumbiram) que postular uma pletora de universos é um luxo exagerado que não deveria ser permitido. Se é para nos permitir a extravagância de um multiverso, afirma o argumento, também poderíamos chutar o balde logo de uma vez e permitir a existência de um Deus. Não se trata de duas hipóteses igualmente excessivas *ad hoc* e igualmente insatisfatórias? As pessoas que pensam assim não foram conscientizadas pela seleção natural. A diferença principal entre a hipótese da existência de Deus genuinamente extravagante e a hipótese aparentemente extravagante do multiverso é de improbabilidade estatística. O multiverso, com toda a sua extravagância, é simples. Deus, ou qualquer agente inteligente capaz de tomar decisões e de fazer cálculos, teria de ser altamente improvável, no mesmíssimo sentido estatístico das entidades que se supõe que ele explique. O multiverso pode parecer extravagante no mero número de universos. Mas se cada um desses universos for simples em suas leis fundamentais, não estamos postulando nada de muito improvável. É preciso dizer exatamente o contrário sobre qualquer tipo de inteligência (p. 198-199).

Que genialidade, Sr. Richard Dawkins!

Diante da inconsistência e da fraqueza do argumento baseado numa ficção científica, o autor reconhece: "Esse tipo de explicação é, na superfície, menos satisfatório que a versão biológica do darwinismo, porque faz exigências maiores à sorte. Mas o princípio antrópico nos dá o direito de postular uma dose de sorte bem maior que aquela com a qual nossa intuição humana limitada consegue se sentir confortável" (p. 213).

Se o próprio autor não tem segurança a respeito de suas provas, temos de mudar o ARGUMENTO 1 acima para o seguinte enunciado:

Se for grande a probabilidade de se explicar a origem do universo pelas leis naturais, a probabilidade de o Deus dos cristãos ter sido o autor do universo cai para perto de zero.

A probabilidade de se explicar a origem do universo pelas leis naturais NÃO é grande.

Portanto, a probabilidade de Deus ter sido o autor do universo NÃO cai para perto de zero.

E Deus continua sendo um candidato forte a criador do universo.

Nosso lema continua sendo o de Sócrates: "Siga o seu raciocínio até onde ele o levar". O raciocínio do Sr. Richard Dawkins levou-nos a um beco sem saída. E ficamos todos em um "mato sem cachorro". Nessas condições, o comportamento de um verdadeiro filósofo e de um cientista sincero seria dar meia volta e reconhecer que o argumento é fraco e não prova coisa nenhuma.

Então, chegamos à seguinte conclusão:

Cientificamente falando, o Sr. Richard Dawkins não conseguiu desbancar o Deus dos cristãos como criador do universo, nem como iniciador da vida, nem como orientador da evolução. Portanto, não nos convenceu de que Deus é um delírio.

E ficamos desconfiados que é ele, Dawkins, quem está delirando.

6

Deus é simples ou complexo?

Além dos argumentos vistos acima para provar que "quase com certeza Deus não existe", o autor tenta um outro caminho, derivado do seu dogma da *Bitola Dawkinsiana*. Pois da *Bitola* ele deduz dois conceitos fundamentais: os conceitos de *simples* e *complexo*. O ser simples, para ele, é o ser vivo primitivo, o primeiro e único a aparecer no universo, o DNA ou o RNA que começou pela primeira vez a se replicar. Todos os outros que vieram depois dele por evolução darwiniana são compostos ou complexos. É o que ele diz: "A seleção natural é o processo que, até onde sabemos, é o único capaz de gerar complexidade a partir da simplicidade. A teoria da seleção natural é genuinamente simples. Assim como a origem de onde ela parte. Aquilo que ela explica, por outro lado, é tão complexo que quase não dá para explicar: mais complexo que qualquer coisa que possamos imaginar, tirando um Deus capaz de projetá-la" (p. 203-204).

A *Bitola Dawkinsiana*, como vimos, não se aplica somente à vida, mas a tudo o que existe. O próprio universo começou, na concepção do autor, com uma entidade simples que, através de um tipo de evolução análoga à seleção natural darwiniana, evoluiu e continua evoluindo em entidades cada vez mais complexas. Dawkins não esconde sua simpatia pela ideia do físico teórico

68   Deus no século XXI

norte-americano Lee Smolin, exposta no livro *A vida do Cosmos*, que propõe que universos-filhos nascem de universos-pais. Os universos-pais seriam os buracos-negros, os seres simples que dão origem aos universos do multiverso.

> Smolin acrescenta uma forma de hereditariedade: as constantes fundamentais de um universo-filho são versões ligeiramente "mudadas" das constantes de seu progenitor. A hereditariedade é o ingrediente essencial da seleção natural darwiniana, e o restante da teoria de Smolin vem naturalmente. Os universos que têm o necessário para "sobreviver" e "reproduzir-se" acabam predominando no multiverso... Assim, sugere Smolin, houve uma seleção natural darwiniana de universos no multiverso, favorecendo diretamente a evolução da fecundidade nos buracos negros e indiretamente a produção da vida (p. 197-198).

Está do jeito como Darwin e seu profeta Dawkins gostam! Mas o próprio Dawkins reconhece que nem todos os físicos ficaram entusiasmados com a ideia de Smolin, embora o físico e prêmio Nobel, Murray Gell-Mann, tenha dito: "Smolin? Não é aquele jovem com aquelas ideias malucas? Ele pode não estar enganado" (p. 198).[*]

Dawkins repete até a exaustão, ao longo do livro, que Deus é um ser complexo. Diz ele: "Um Deus capaz de monitorar e controlar permanentemente o status individual de cada partícula do universo não pode ser simples. Só sua existência já exigirá uma explicação do tamanho de um mamute" (p. 202). O conceito de

---

[*] Esse argumento de maluquice pode ser aplicado para defender também o lado contrário. Pois podemos dizer: "Os religiosos? Não são aqueles malucos que creem em Deus? Eles podem não estar enganados".

complexidade é uma das bases dos argumentos do autor para tentar provar que Deus é um delírio. Mas Dawkins vai mais além. Da ideia de complexidade ele tira um outro princípio, do mesmo modo como um mágico tira um coelho da cartola. Esse princípio diz o seguinte: Quanto mais complexo é um ser, tanto menos provável ele é. Isto quer dizer que a probabilidade da existência de um ser é inversamente proporcional à sua complexidade. O projetista de alguma coisa tem de ser tão ou mais complexo que essa coisa. Então, diz o autor, será mais difícil explicar a existência dele do que a dela. Quanto mais complexa a coisa, tanto mais complexo tem de ser o seu projetista. E quanto mais complexo o projetista, tanto mais difícil de ser explicado. Se Deus é o projetista do universo, Ele é absurdamente complexo, portanto absurdamente improvável, Ele "quase com certeza não existe".

Temos aí duas ideias básicas do autor:

- Deus é um ser tremendamente complexo.
- Quanto mais complexo é um ser, tanto mais improvável é sua existência.

Vamos examinar essas duas ideias.

Deus é complexo?

O Capítulo 4, que tem por título "Por que quase com certeza Deus não existe", é o coração do livro no qual são apresentados os principais argumentos contra a existência de Deus. Dawkins está tão certo da veracidade desses argumentos que chega a dizer que sua "principal razão para não acreditar na existência de Deus" é baseada neles (p. 110). Vamos dar um repasse nesses argumentos.

Por que o autor acha que é quase certo que Deus não exista? A resposta é: se houvesse um Deus, ele teria de ser extremamente complexo, e quanto mais complexo é um ser, menos provável é sua existência. A ideia básica é que qualquer entidade que saiba e faça o que Deus sabe e faz, teria de ser incrivelmente complexa. Segundo a concepção do autor, um ser que cria alguma coisa tem de ser tão ou mais complexo que a coisa que ele cria.

Pondo isso em outras palavras, pode-se dizer que um projetista tem de conter pelo menos tantas informações quantas são as que ele projeta. Ou, em linguagem de computador, o projetista deve ter bancos de dados com todos os elementos exigidos pela coisa que ele projeta. O universo e a vida não são coisas extremamente complexas? Se foram criados por Deus, então Deus tem de ser tão complexo ou mais complexo que a vida e o universo.

O filósofo norte-americano, Alvin Plantinga, professor de filosofia na Universidade de Notre Dame, faz aqui uma reflexão.[13] De acordo com muitos teólogos clássicos (Tomás de Aquino, por exemplo) Deus é simples, e simples num sentido forte: nele não há distinção entre matéria e substância, atualidade e potencialidade, essência e existência. Então, segundo a teologia clássica, Deus é simples e não complexo.

O que propriamente Dawkins entende por complexo? No livro *Deus, um delírio* ele não define o termo. Mas podemos saber com a ajuda de outro livro seu, *O Relojoeiro cego*. Nele o termo *complexo* é definido como algo que tem partes que são "organizadas de tal forma que não parecem ter chegado a tal ponto por puro acaso". Portanto, um ser complexo é composto de partes

---

[13] Publicado na revista Books & Culture, ver em www.christianitytoday.com/bc/2007/marapr/1.21.html, desde 03/01/2007.

materiais bem organizadas. Nesse sentido, é claro que Deus – o Deus dos cristãos – não é complexo, porque Ele é definido como um espírito que não contém partes materiais, tais como átomos ou moléculas ou neurônios. Então, com base no que dizem os teólogos e com base na definição de complexidade do próprio autor, Deus não é complexo. Mas na cabeça de Dawkins Ele tem de *ser*.

Deus é improvável?

Dawkins tem a ideia preconcebida que só existe a matéria e nada mais que a matéria, e que tudo é constituído de partículas físicas. Com base nessa ideia, o raciocínio dele seria o seguinte:

Só existem seres materiais.

Se Deus existe, Ele é material.

Se Deus é material e consegue fazer tudo o que dizem que Ele faz, Ele deve ser tremendamente complicado – teria de ter um número incontável de partículas, moléculas, órgãos, neurônios. Como poderiam tais partículas, moléculas, órgãos e neurônios se arranjar de tal forma a constituir um ser com todo o conhecimento que Deus tem? Isto seria tremendamente improvável.

Então, se Deus é tremendamente complexo e, portanto, tremendamente improvável, Ele "quase com certeza não existe".

Toda essa cascata de argumentos está pendurada na primeira premissa: "Só existem seres materiais". Para que o resto do raciocínio seja verdadeiro, Dawkins teria de provar essa premissa como verdadeira. Ele prova? Não, em lugar nenhum do livro. A premissa é um pressuposto dogmático.

É claro que, se o materialismo for verdadeiro, Deus – o Deus dos cristãos – será falso, será uma mentira, um delírio. Aqui, segundo Plantinga, o autor está cometendo uma falácia (mais uma!), que os filósofos chamam de "petição de princípio". É aquele argumento que repete na conclusão o que está contido ou subentendido na premissa. É como o cão rodopiando sobre si mesmo para tentar morder o próprio rabo: "O materialismo é verdadeiro, portanto Deus é falso; e Deus é falso porque o materialismo é verdadeiro". E não se sai disto.

Alvin Plantinga termina seu raciocínio deste modo:

> Então por que achar que Deus tem de ser improvável? De acordo com o teísmo clássico, Deus é um ser necessário; não é possível que não exista um ser como Deus; ele existe em todos os mundos possíveis. Mas se Deus é um ser necessário, se ele existe em todos os mundos possíveis, então a probabilidade de que ele existe, é claro, é um, e a probabilidade de que ele não existe é zero. Longe de ser improvável de que ele exista, sua existência é muito provável. Então se Dawkins propõe que a existência de Deus é improvável, ele nos deve um argumento de que não existe um ser com os atributos de Deus – um argumento que não comece da premissa materialista. Mas, até hoje, nem ele nem ninguém apresentou um argumento decente nesse ponto. Dawkins nem parece imaginar que ele precisa de um argumento desse tipo.

Podemos também aplicar aqui o detector de mentiras – o silogismo – fazendo o seguinte raciocínio:

> Quanto mais complexo é um ser, tanto mais improvável ele é.
> O ser humano é tremendamente complexo.
> Portanto, o ser humano é tremendamente improvável.

Vamos levar esse raciocínio até as suas últimas consequências. Você, leitor, é um ser humano, portanto tremendamen-

Deus é simples ou complexo?

te complexo, portanto tremendamente improvável. Mas veja que interessante: você existe! E certamente conhece muitos amigos que também são seres humanos, portanto tremendamente complexos, portanto tremendamente improváveis, mas que existem, pois eles estão perambulando por aí. Então, pela evidência dos fatos, podemos tirar a seguinte conclusão: existem seres que são tremendamente complexos e tremendamente improváveis, mas que existem na realidade.

Alister McGrath chega à mesma conclusão sobre Deus: "a improbabilidade não implica, e nunca implicou, a não-existência. Podemos ser altamente improváveis. Mas estamos aqui. A questão, portanto, não é se Deus *é provável*, mas se Deus *é real*".[14]

Plantinga imagina aqui uma alegoria. Uma expedição é enviada ao espaço afora levando cientistas para um planeta distante. Chegando lá, que surpresa! Eles encontram no chão daquele planeta desconhecido uma carroça bem conhecida. Sim, uma carroça igual a que temos aqui na terra, com os varais, a carroceria, as rodas perfeitamente encaixadas nos mancais providos de rolamentos e de graxa. Então, o líder da expedição explica: "Deve haver seres inteligentes neste planeta que construíram esta carroça". Mas um astronauta de primeira viagem, aluno do primeiro ano de filosofia, discorda: "Espere aí! Você não explicou nada. Qualquer ser inteligente que projetou essa carroça teria de ser pelo menos tão complexo quanto a própria carroça. Por isso, é muito improvável que tal ser tenha existido e tenha passado por aqui". Certamente esse tal astronauta de primeira viagem e do primeiro ano de filosofia receberia do chefe uma

---

[14] Alister McGrath e Joanna McGrath, *O Delírio de Dawkins*, Editora Mundo Cristão, 2007, p. 39.

reprimenda: "Você fique quieto no seu canto, se não quiser ser posto no olho do espaço sideral".

Ninguém pode duvidar que a carroça tem uma complexidade organizada. É mais que sensato explicar a existência da carroça no chão daquele planeta invocando um ser inteligente que a projetou e construiu, mesmo admitindo que esse ser inteligente tenha de ser tão ou mais complexo que a carroça. Neste caso, o chefe não está querendo dar uma explicação *final* da complexidade organizada que ele vê na carroça. Ele está apenas tentando dar uma explicação *particular* sobre a existência dela naquele planeta. É perfeitamente possível explicar uma manifestação de complexidade organizada em termos de outra.

Então, invocando Deus como o criador do primeiro ser vivo, nós não estamos querendo explicar a complexidade organizada em geral, mas só um tipo particular dela: a vida. E mesmo admitindo que Deus seja um ser extremamente complexo, podemos dizer perfeitamente que Ele pode existir e ter sido o criador da vida e do universo.

E tem mais. Segundo a *Bitola Dawkinsiana*, tanto o universo como a vida começaram com seres *simples* que só depois se tornaram complexos, não pela ação de Deus, e sim pela ação natural do poderoso guindaste da evolução darwiniana. Mas quem foi que criou esses seres simples? Se foi Deus podemos fazer a seguinte pergunta para o Sr. Richard Dawkins responder: Um Deus que cria seres simples é Ele mesmo simples ou tem de ser complexo?

A complexidade goela abaixo

Em uma conferência em Cambridge, Dawkins tentou fazer os teólogos engolirem a ideia de que Deus é complexo. Ele conta:

Deus é simples ou complexo?

Para o bem ou para o mal, participei de dois dias da conferência em Cambridge, proferindo uma palestra e tomando parte na discussão em várias outras. Desafiei os teólogos a responder ao problema de que um Deus capaz de projetar um universo, ou qualquer outra coisa, teria de ser complexo e estatisticamente improvável. A resposta mais contundente que ouvi foi que eu estava forçando brutalmente uma epistemologia científica goela abaixo de uma teologia relutante. Os teólogos sempre definiram Deus como algo simples. Quem era eu, um cientista, para dizer aos teólogos que o Deus deles tinha de ser complexo? (p. 207).

Podemos até imaginar o quanto ele azucrinou a ideia dos teólogos com essa história de Deus complexo. Mas não só os teólogos se sentiram incomodados. O cientista brasileiro, Marcelo Gleiser, professor de física teórica do Dartmouth College, em Hanover (EUA), e autor do livro *A Harmonia do Mundo*, escreveu o seguinte comentário num jornal:

Dawkins é um ateu declarado. Até aí tudo bem, muitos cientistas o são. Para muitos, mas não todos, é importante frisar isso: a conciliação entre uma descrição científica do mundo – baseada na obtenção de informação empírica da natureza por meio de experimentos e observações quantitativas – e a aceitação de uma realidade sobrenatural, inescrutável à razão humana, é impossível. Já para alguns, o estudo da ciência serve para comprovar a beleza da criação. Imagino que Dawkins considere esses cientistas religiosos no mínimo incompetentes. Para ele, a ciência é um clube fechado, onde só entram aqueles que seguem os preceitos do seu ateísmo, tão radical e intolerante quanto qualquer extremismo religioso.

Dawkins prega a intolerância completa no que diz respeito à fé, exatamente a mesma intolerância a que se opõe. Vejamos um de seus argumentos. Se a complexidade do mundo foi criada por uma divindade, esta deve ser necessariamente mais complexa do que tudo o que criou. Porém, segundo a teoria da evolução, isso é impossível: a complexidade é produto da evolução. A divindade criadora deveria ter sido a última e não a primeira a surgir.

A quem Dawkins dirige um argumento desses? Certamente não aos religiosos. Qualquer pessoa que conheça um mínimo de teologia sabe muito bem que a ideia fundamental das religiões é que o divino não segue as regras causais que regem o mundo material. Deuses não evoluem; são absolutos, existem fora do tempo.[15]

Mas deixemos de lado toda essa história do Deus complexo, que se está assemelhando à famosa questão dos antigos filósofos que ficavam discutindo para saber quantos anjos poderiam caber na ponta de uma agulha. Vamos ao assunto que interessa. O Deus dos filósofos e dos teólogos monoteístas é um ser espiritual e simples, no sentido de que não é composto de partes materiais, tais como átomos, moléculas e neurônios. E Dawkins disse bem claro lá no início de seu livro que era esse Deus que ele queria provar que é um delírio. Por que então ele tenta modificar o conceito desse Deus, querendo imputar-lhe complexidade material? No meio da argumentação ele quer mudar as regras do jogo, impondo a Deus um atributo que os cristãos nunca lhe emprestaram. Ele tenta tomar Deus com dois sentidos diferentes.

Olhe aí a falácia dawkinsiana!

Podemos aqui até imaginar um diálogo entre o autor e o leitor:

DAWKINS: Vou provar que Deus é um delírio. Mas com uma condição: que Ele seja um Deus complexo, feito de partes materiais, um produto da evolução.

---

[15] Jornal *Folha de São Paulo*, 26 de novembro de 2006.

Deus é simples ou complexo?

LEITOR: Mas, Sr. Dawkins, você disse no começo do livro que seu principal alvo era o Deus abraâmico, que é tido como um ser sobrenatural, simples, sem partes materiais.

DAWKINS: Mas agora mudei de ideia. O Deus que quero atingir tem de ser complexo.

LEITOR: Você está mudando as regras do jogo no meio do jogo. Isto não é permitido.

DAWKINS: O livro é meu e escrevo nele o que eu quero.

LEITOR: Pô! (ranger de dentes).

A verdadeira obsessão que o autor demonstra no livro com suas repetições cansativas de que Deus é um ser complexo pode ter uma explicação. Porque, se for complexo, Deus cai dentro da *Bitola Dawkinsiana*, que pode ser considerada uma arapuca de caçar Deus. Por isso, a afirmação de que Deus é um ser complexo é uma questão de vida ou morte para Dawkins. Porque, dentro da *Bitola*, Deus estará sujeito ao raciocínio montado por ele:

Todo ser complexo é produto da evolução.

Deus é um ser complexo.

Portanto, Deus é um produto da evolução.

E se Ele é um produto da evolução, chegou tarde ao universo.

Se chegou tarde, Ele não é criador do universo.

E se não é criador, não é Deus, é um delírio.

Mas, fora da *Bitola*, Deus seria um alvo inatingível por esses argumentos. E Dawkins ficaria a ver navios.

7

Deus e o *Big Bang*

Dawkins diz que tudo no universo deve caber dentro da *Bitola Dawkinsiana*, segundo a qual tudo começa num ser simples e único e termina, por evolução, em seres múltiplos e complexos. Assim aconteceu com os seres vivos. Do mesmo modo o universo teria começado numa entidade simples que, depois, se tornou complexa por um tipo de evolução análoga à darwiniana. Esse é o dogma fundamental dawkinsiano.

Mas qual foi a entidade simples que deu origem ao universo? Bem, atualmente a melhor teoria que explica a origem do nosso universo é a do *Big Bang* (grande explosão). Essa teoria foi impondo-se com o tempo, por causa do acúmulo de evidências vindas das observações e das pesquisas teóricas. Várias outras teorias sobre a origem do universo foram desacreditadas e substituídas pela da grande explosão. Vamos dar uma rápida olhada nessa teoria.

Hoje sabemos com certeza que o universo está expandindo-se, que está ganhando continuamente novo espaço. E o novo espaço conquistado, por sua vez, é acompanhado sempre por seu companheiro fiel, o tempo, formando-se assim a dupla dinâmica e inseparável que os cientistas chamam de *espaço-tempo*. Mas no passado não se sabia disso. Até início do século XX dominava a ideia de que o universo era fixo e imóvel. Acreditava-se que o sol ocupava um lugar cativo no céu, onde ficava quieto sem se mover, nem para cima, nem para baixo, nem para lado nenhum.

A mesma coisa se pensava das estrelas, cada uma fixa e imóvel no céu.

Em 1905 Albert Einstein lançou a teoria da relatividade, cujas equações matemáticas davam como resultado um universo móvel. As estrelas não podiam estar paradas nem fixas no céu. Estariam afastando-se ou se aproximado umas das outras.

Mas a ideia de um universo fixo e imóvel era tão forte que iludiu o próprio Einstein. Para não ir contra essa ideia, ele colocou uma constante nas suas equações que contrabalançava a força de atração universal dos corpos, de tal modo que os resultados sempre mostravam um universo imóvel, parado no tempo e no espaço. Mais tarde Einstein confessou humildemente o seu erro e disse que a constante cosmológica tinha sido a maior besteira da sua vida, no campo científico.

O golpe mortal na crença de um universo imóvel foi dado pelo famoso astrônomo inglês Edwin Hubble (1889-1953). Na década de 1920, observando o céu no telescópio do monte Wilson, na Califórnia, ele descobriu que as nebulosas – como eram conhecidas certas manchas existentes no céu – na verdade eram grandes aglomerados de estrelas, semelhantes à nossa Via Láctea. Por isso, esses aglomerados ficaram conhecidos como *galáxias* (*Galaxis* era a palavra dos gregos antigos para designar a Via Láctea).

Edwin Hubble
ao telescópio

Mas a descoberta principal de Hubble, que causou espanto entre os astrofísicos da época, foi outra. Ele observou que as galáxias não ficavam paradas no céu, elas estavam afastando-se de nós com velocidade proporcional à distância. Quanto mais longe a galáxia, maior sua velocidade de fuga. Hubble chegou a essa conclusão utilizando-se da lei conhecida na física como *Efeito Doppler*. Essa lei confirma que quando um objeto luminoso se afasta de nós, sua luz desvia para o vermelho no aparelho conhecido como espectroscópio. Quando se aproxima, desvia para o azul. Hubble notou que as galáxias observadas tinham a luz desviada para o vermelho, e quanto mais distantes tanto maior era o desvio. Concluiu que elas estavam afastando-se com velocidade proporcional à sua distância da terra.

A descoberta de que o universo está expandindo-se foi uma das grandes revoluções científicas do século XX, que causou uma reviravolta na cosmologia. O universo não é estático como se pensava, mas dinâmico, com todas as galáxias e estrelas se movendo. Caía, portanto, a crença do *universo imóvel*.

A grande explosão

O astrônomo belga, padre jesuíta Georges Lemaitre (1894-1966), foi um dos primeiros a sugerir a ideia de que o universo começou com uma explosão. Descreveu essa ideia como o "ovo cósmico explodindo no momento da criação". Em 1927, resolvendo as equações da relatividade geral de Einstein – Lemaitre era um exímio matemático e algebrista –, encontrou soluções que indicavam que o universo estaria expandindo-se.

Essa descoberta deu origem ao seguinte raciocínio:

Se o universo está expandindo-se, então, olhando para o futuro, daqui a milhões de anos, as galáxias estarão mais longe umas das outras e o universo será maior. Mas, olhando para o passado, para milhões de anos atrás, veremos o contrário: as galáxias mais e mais próximas entre si e o universo cada vez menor, até se chegar a um ponto em que todas as galáxias e estrelas se amontoam. Esse ponto foi justamente onde o universo teve origem.

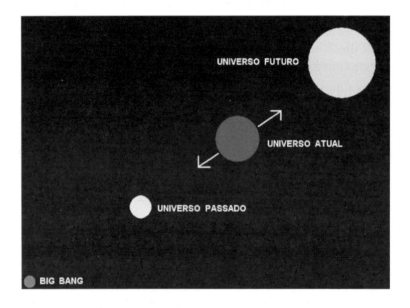

Lemaitre lançou, então, a ideia de que o universo nasceu de uma explosão num tempo distante do passado e que, desde então, continua expandindo-se até hoje.

Mais tarde, em 1965, o astrofísico inglês Fred Hoyle, que não concordava com Lemaitre, ironicamente apelidou de *Big Bang* aquela ideia "maluca" de explosão. A expressão caiu no agrado dos cientistas e pegou.

Segundo cálculos dos astrofísicos, feitos por diversos métodos, a grande explosão aconteceu aproximadamente há 14 bilhões de anos. No momento exato da explosão, no tempo zero do nascimento do universo, a temperatura e a densidade da matéria eram extraordinariamente elevadas. Os cientistas falam de densidade, energia e massa infinitas. O astrofisico Stephen Hawking explica que "nesse momento, a densidade do universo e a curvatura do espaço-tempo teriam sido infinitas. É o momento a que chamamos de *big bang*".[16]

Por isso, o *big bang* é considerado uma *singularidade*, termo usado para designar um evento que não obedece a nenhuma das leis físicas que conhecemos. A grande explosão foi causada por algo que existia fora do tempo e fora do espaço. E a física não conhece nada que possa existir fora do tempo e do espaço atuando como causa. A ciência atual só consegue começar a explicar o universo a partir das frações de segundo após a grande explosão. O que havia no momento exato da explosão ou antes dela, não se sabe. Porque, mesmo que tenha existido alguma coisa antes, não poderíamos usá-la para determinar o que aconteceria a seguir, porque essa coisa teria sido estilhaçada no *Big Bang*.

O *Big Bang* foi de fato uma explosão?

Não, o *Big Bang* não foi uma grande explosão. Foi uma *grande expansão*. Ou, pode-se dizer, foi uma explosão *do espaço* (uma criação do espaço), não uma explosão *no espaço* (ainda não exis-

---

[16] Stephen Hawking e Leonard Mlodinow, *Uma Nova História do Tempo*, Ediouro, Rio de Janeiro, 2005, p. 75.

tia espaço). O *Big Bang* criou o espaço-tempo e, depois, continuou empurrando o espaço para novas fronteiras numa corrida louca, até hoje, com o tempo sempre correndo junto.

A palavra *explosão* foi mal escolhida e causa muita confusão. Numa explosão – de uma bomba, por exemplo – as partículas voam em todas as direções, deixando o centro vazio e a periferia carregada. Mas o universo não é assim. Sabemos hoje que, em escala ampla, ele é uniforme e regular em todos os lugares.

Podemos imaginar a expansão do universo com uma analogia. Um bolo de nozes cresce quando é assado no forno – sua massa se expande. Enquanto cresce, os pedacinhos de nozes se movimentam, afastando-se uns dos outros. Eles não se movimentam *através* da massa, mas *junto com* a massa ou levados pela massa. Do mesmo modo, enquanto o universo se expande, ganhando novas fronteiras, as galáxias e estrelas se movimentam, não *através* do espaço, mas *junto com* o espaço. O que acontece é a expansão do próprio espaço-tempo, que leva consigo a matéria "de carona".

É comum encontrar pessoas que imaginam o *Big Bang* como uma explosão que espalhou a matéria "pelos ares". E pensam que o centro do universo é o local onde ocorreu a explosão e que, se pudessem viajar livremente pelo espaço, conseguiriam visitar aquela misteriosa região onde tudo começou. Quem ainda tem essa ideia deve procurar reformulá-la.

Então, ao se ler *Big Bang* (grande explosão) entenda-se *grande expansão*.

A figura mostra os dois modos de imaginação da origem do universo: explosão (errado) e expansão (certo).

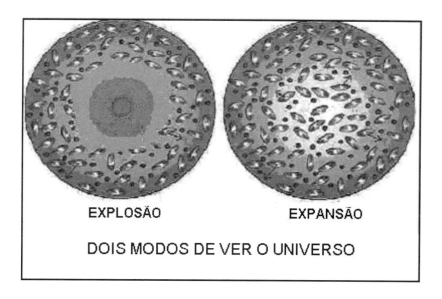

EXPLOSÃO   EXPANSÃO

DOIS MODOS DE VER O UNIVERSO

O ruído de fundo do universo

Após a grande explosão, tudo o que havia no universo estava na forma de plasma, um gás denso formado por partículas atômicas: fótons, quarks, elétrons, neutrinos, prótons, nêutrons etc. A densidade e a temperatura elevadas não permitiam que os fótons de luz escapassem. Todas as formas de radiação estavam intimamente ligadas à matéria, de modo análogo como a água está embebida na esponja. O universo era *opaco*.

Quando a temperatura média caiu para menos de 3.000 K, os fótons e outros tipos de radiação conseguiram libertar-se da matéria e começaram a se espalhar pelo espaço afora na velocidade da luz. O universo ficou transparente e luminoso, e continua até hoje.

Em 1948, os astrofísicos George Gamow, Ralph Alpher e Robert Herman previram que essas radiações libertadas lá no início deviam estar no universo. Afinal, para onde elas podiam ter ido? A previsão de fato foi confirmada por uma descoberta feita por acaso. Em 1965, dois físicos norte-americanos, Arno Penzias e Robert Wilson, estavam testando um novo e ultrassensível receptor de micro-ondas da *Bell Telephone Laboratories*. Ficaram preocupados quando perceberam que o aparelho estava captando muito ruído, em qualquer direção em que fosse apontado. Tentaram pesquisar possíveis defeitos, inclusive limpando o aparelho que estava sujo de excremento de pomba, mas o ruído continuava. Fizeram inúmeras medições em todas as direções do espaço e notaram que o sinal era sempre igual e de mesma intensidade, em qualquer hora, tanto de dia como de noite. Concluíram que as radiações vinham de lugares muito distantes, fora da atmosfera terrestre e fora do sistema solar.

Hoje sabemos que esse ruído não varia mais do que uma parte em dez mil, em qualquer direção do espaço celeste. Sabemos também que ele vem lá dos primórdios do universo, do fim da era do *Big Bang*, quando os fótons de luz e outros tipos de radiação se libertaram do plasma e saíram em viagem pelo espaço. Estão agora chegando até nós.

Arno Penzias e Robert Wilson ganharam o Prêmio Nobel pela descoberta, mas foram esquecidos injustamente os cientistas Gamow, Alpher e Herman, os primeiros a levantar a questão das radiações.

A radiação de fundo é uma das melhores provas que confirmam a teoria do *Big Bang*. É a "assinatura" dele, de próprio punho.

Fugindo do *Big Bang*

A teoria do *Big Bang*, que explica o nascimento de um universo extremamente quente e que foi resfriando-se com o passar do tempo, está de acordo com as evidências observáveis que temos atualmente. Mas existem mistérios que a ciência ainda não sabe explicar:

Deus e o *Big Bang* 87

- O que havia naquele ponto que explodiu? Ou, em outras palavras, o que havia no "ovo cósmico" que deu origem ao universo?
- O que fez o "ovo cósmico" explodir? Ou por que explodiu?
- Por que a temperatura – ou a energia em forma de calor – era tão elevada?
- Por que o universo é tão uniforme e homogêneo em ampla escala?
- Apesar de ser uniforme em ampla escala, ele contém irregularidades locais, como estrelas e galáxias. Essas irregularidades devem ter-se originado de pequenas diferenças de densidade do universo primordial. Qual teria sido a origem dessas flutuações de densidade?
- Por que o universo é desse jeito como é, com essas leis que aí estão? O que ou quem determinou que ele fosse assim e não diferente?[17]

Até hoje não existem respostas para essas questões. O astrofísico Andrei Linde faz a pergunta: "Se o espaço-tempo não existia, como poderiam as coisas aparecer do nada? A explicação da singularidade inicial – onde e quando tudo começou – permanece ainda o problema mais crucial da cosmologia moderna".[18]

Na teoria do *Big Bang* existe o problema do *começo*, que tem de ser encarado pelos cientistas. Alguma coisa forçosamente desencadeou o processo da grande expansão. E essa alguma coisa

---

[17] Cf. Stephen Hawking, *Uma Breve História do Tempo*, Rocco, 27ª edição, p. 171-172.
[18] Andrei Linde, artigo em *Scientific American*, vol. 271, n. 5, p. 48-55, novembro 1994.

88   Deus no século XXI

deve ter sido uma força absurdamente grande, suficientemente poderosa para vencer a imensa força da gravidade do ovo cósmico inicial. O ovo não eclodiria sozinho, sem essa força. De que fonte viria uma energia tão poderosa?

E tem mais: a grande expansão em si envolve mais do que apenas uma poderosa energia. Era preciso também previsão e inteligência, pois o ritmo de expansão foi ajustado com precisão incrível. Já vimos acima como é difícil explicar o Ajuste Fino que existiu nos acontecimentos do início do universo. Onde estava essa inteligência capaz de fazer previsões de tão grande precisão?

Algumas religiões, principalmente as cristãs, colocam no *Big Bang* a inteligência e o poder infinito do Criador que, naquele exato momento, criou a matéria e a energia *ex nihilo* (do nada) e, ao ordenar a sua expansão, criou concomitantemente o espaço-tempo.

De fato, a teoria do *Big Bang* tem implicações profundas com a religião. O astrofísico Robert Jastrow, em seu livro *God and the astronomers* (Deus e os astrônomos), usa de uma parábola interessante que descreve o grande esforço dos cientistas para escalar a montanha da ignorância. Depois de vencer um a um os lances íngremes da montanha, chegam ao topo. E o que eles veem? Um bando de teólogos que já estavam sentados lá em cima há muito tempo.

> Nesse momento parece que a ciência nunca será capaz de erguer a cortina acerca do mistério da criação. Para o cientista que viveu segundo sua fé na força da razão, a história termina com um sonho ruim. Ele escalou a montanha da ignorância. Está prestes a conquistar o pico mais alto. Quando finalmente escala a última rocha, é saudado por um bando de teólogos que estiveram sentados ali durante séculos.[19]

[19] Robert Jastrow, *God and the astronomers*, New York: W. W. Norton, 1992, p. 107.

O professor de física Frank Tipler, autor de *The Physics of Christianity*, acha que as descobertas recentes no campo da física perturbaram profundamente os cientistas que antes acreditavam em um universo material eterno, sem começo e sem fim. A prova de que o universo teve um começo traz um grande embaraço, pois eles acreditam que todo efeito tem uma causa natural. Muitos deles não se sentem à vontade com a ideia de que o universo possa ter sido criado por uma Mente superior. Alguns até propuseram a possibilidade de que ele tenha criado a si mesmo do nada, o que parece um absurdo.

Sobre o fato de o universo ter tido um começo, o filósofo Antony Flew escreve:

> Quando, ainda ateu, conheci a teoria do *Big Bang*, pareceu-me que ela fazia uma grande diferença, porque sugeria que o universo tinha um começo e que a primeira frase do Gênesis – "E no princípio Deus criou o céu e a terra" – referia-se a um acontecimento no universo. Enquanto fosse possível, confortavelmente, considerar que o universo não tinha começo nem fim, ficaria fácil ver sua existência e suas mais fundamentais características como fatos brutos. E se não houvesse razão para pensarmos que ele tinha um começo, não haveria necessidade de se postular que alguma coisa o produzira.
>
> A teoria do *Big Bang*, porém, mudou tudo isso. Se o universo tinha um começo, era perfeitamente razoável, quase inevitável, perguntar o que produzira esse começo. Isso alterava a situação radicalmente.[20]

---

[20] Antony Flew, *Um ateu garante: Deus existe*, Ediouro Publicações S.A., 2008, p. 130-131.

O diretor do Projeto Genoma, o biólogo Francis Collins, também se abala com a ideia de que o universo teve um começo: "Tenho de concordar. O *Big Bang* grita por uma explicação divina. Obriga à conclusão de que a natureza teve um princípio definido. Não consigo ver como a natureza pode ter-se criado. Apenas uma força sobrenatural, fora do tempo e do espaço, poderia tê-la originado".[21]

Os ateus também se sentem perturbados com a ideia de que o universo teve um começo. Porque essa ideia traz em si uma probabilidade indesejável para eles: Deus poderia ser o autor do universo. Por isso, inventaram rotas de escape que buscam preservar o *status quo* não teísta. Uma dessas rotas, como vimos, incluía a ideia do multiverso.

Nessas alturas de nossa explanação, o leitor atento já deverá ter algumas perguntas na ponta da língua. Por que motivo o Sr. Richard Dawkins não procurou a origem do universo no *big bang*? Se ele ensina que tudo começa com um ser simples que depois evolui para seres complexos, esse ser simples não seria o tal de "ovo cósmico" que explodiu lá atrás, há 14 bilhões de anos? Por que ele preferiu enveredar-se pela ficção científica do multiverso, como vimos acima, e deixou de lado uma teoria muito mais consistente sobre o início de tudo?

Podemos tentar uma resposta a essas perguntas. O autor deve ter percebido a dificuldade de explicar o início do cosmos pelas leis naturais da física, pois a grande explosão é uma singularidade que não obedece às leis que conhecemos. Deus, então, não poderia ser simplesmente descartado como o criador e iniciador de tudo. Dawkins espertamente deve ter percebido que essa teo-

---

[21] Francis Collins, *A Linguagem de Deus: um cientista apresenta evidências de que Ele existe,* Gente, 2007, p. 75.

ria não é brasa para sua sardinha. Por isso, deixou-a de lado e enveredou-se pela do multiverso. Parece até que ele foge do *Big Bang* como o diabo foge da cruz. Teria ele receio de dar de cara com Deus?

A teoria do tudo

Os cientistas fazem tudo para tentar explicar a origem de tudo pelas leis naturais. E isto é muito louvável, porque é esta exatamente a tarefa deles. Se um dia for encontrada uma teoria que explique tudo, então não seria necessário invocar Deus como criador. Tudo se explicaria naturalmente.

Mas haverá a possibilidade real de se explicar tudo pelas leis naturais? Pois existem ainda muitas coisas inexplicáveis. A humanidade sempre se preocupou e ainda se preocupa com mistérios que geram perguntas como estas: Qual é a natureza do mundo em que vivemos? Por que ele é assim com essas leis que aí estão? Qual é o nosso lugar nele? De onde viemos? Para onde vamos?

Nos primórdios, as pessoas tentaram dar respostas a essas perguntas com a crença de que os fenômenos naturais eram controlados por espíritos que habitavam na natureza, nos rios e nos mares, nas montanhas e nos corpos celestes, no Sol e na Lua. Mas, à medida que a humanidade foi desenvolvendo-se, as leis que governam de fato o universo foram sendo descobertas. Assim, as novas teorias foram desbancando aquelas antigas que não tinham consistência nem base científica. E com o tempo, a mente humana foi agrupando e unificando as diversas teorias que tentam explicar o nosso universo.

Segundo os astrofísicos, no momento exato do *Big Bang* a energia em forma de calor era monstruosamente grande. Naquele instante, todas as forças que atualmente conhecemos es-

92 Deus no século XXI

tavam unificadas em uma única força gigantesca. Não dá para imaginar nem quantificar a sua grandeza. Os cientistas falam de energia infinita. Mas logo após o *Big Bang*, essa força única foi decompondo-se em forças menores. Assim hoje identificamos no universo quatro forças principais, oriundas daquela força única.

A primeira é a força *gravitacional* ou *gravidade*, a força de atração universal que todos os corpos sentem entre si. A gravidade é, de longe, a mais fraca das quatro forças e tem duas propriedades: pode agir a longas distâncias e é sempre atrativa, por isso nunca se anula. As outras três forças agem a curtas distâncias e são às vezes atrativas, às vezes repulsivas, podendo cancelar-se.

A segunda é a força *eletromagnética*, aquela que interage com partículas carregadas, como os elétrons e os quarks. É tremendamente mais forte que a força gravitacional. Para se ter uma ideia, a força eletromagnética entre dois elétrons é aproximadamente um milhão de milhão de milhão de milhão de milhão de milhão de milhão (um com quarenta e dois zeros depois dele) de vezes maior que a força gravitacional.[22]

A terceira é a força *nuclear fraca*, que é responsável pela radioatividade – o decaimento dos núcleos atômicos. Ela é responsável pelas reações atômicas de fusão nuclear dentro das estrelas.

A quarta é a força *nuclear forte*, a mais forte de todas, aquela responsável por ligar os quarks dentro do próton e do nêutron e por manter os prótons e nêutrons juntos no núcleo de um átomo. É a força que mantém unido o mundo que nos rodeia. Sem ela, a repulsão entre os prótons carregados positivamente separaria

---

[22] Cf. Stephen Hawking e Leonard Mlodinow, *Uma Nova História do Tempo*, Ediouro, Rio de Janeiro, 2005, p. 124.

Deus e o *Big Bang* 93

todos os núcleos atômicos no universo, exceto aqueles do gás hidrogênio, cujo núcleo é formado por um único próton.

Os cientistas estão tentando achar uma teoria que unifique essas quatro forças em uma só. E já estão colhendo alguns resultados. Segundo opinião de Stephen Hawking, atualmente "os cientistas descrevem o universo em termos de duas teorias parciais básicas – a teoria da relatividade geral e a da mecânica quântica. Estas são as grandes conquistas intelectuais da primeira metade do século XX".[23]

A *relatividade geral* – ou teoria da gravidade – engloba as leis que regem o macrocosmo, as grandes estruturas do universo, aquelas que medem desde alguns metros até as do tamanho de um milhão de milhão de milhão de milhão (um com vinte e quatro zeros depois dele) de quilômetros, que é o tamanho do universo que podemos observar. A *mecânica quântica*, ao contrário, engloba as leis que regem o microcosmo, o mundo dos átomos e das partículas elementares da matéria, as estruturas extremamente pequenas da ordem de um milionésimo de milionésimo de centímetro.

Acontece que essas duas teorias não se combinam e não podem ser unificadas. Por isso, não é possível que ambas estejam corretas. Um grande desafio da física moderna é encontrar uma nova teoria que incorpore as duas. Seria uma teoria unificada completa, capaz talvez de descrever todo o universo. Uma *teoria do tudo*. A procura dessa teoria é tida como o "santo graal" da física moderna. O famoso "santo graal" da história do tempo do rei Artur nunca foi encontrado. Conseguirá o ser humano encontrar o "santo graal" da física, a teoria do tudo?

---

[23] *Idem*, p. 25 e 124.

Mas, mesmo que consiga, essa teoria não seria nada mais do que um conjunto de regras e equações. A teoria em si não cria o universo, mas, antes, pressupõe a existência dele. Por isso, Stephen Hawking faz a pergunta: "O que é que insufla fogo nas equações e cria um universo para elas descreverem?". Ou, em outras palavras, o que ou quem deu origem ao universo e colocou nele as leis que o governam? Ele continua:

> O enfoque habitual da ciência de construir um modelo matemático não é capaz de responder à pergunta de por que deveria existir um universo para o modelo descrever. Por que o universo se dá ao incômodo de existir? Seria a teoria unificada tão arrebatadora por dizer que o universo provoca sua própria existência? Ou precisaria de um Criador e, neste caso, teria Ele qualquer outro efeito sobre o universo? E quem O criou?[24]

Parece que Hawking não tem certeza de que a teoria do tudo seria capaz de explicar tudo. Pois ainda ficaria a pergunta: Quem criou o universo e colocou nele a lei suprema – a teoria do tudo – que engloba todas as leis? Ele tenta fugir dessa pergunta saindo de fininho, dizendo que os cientistas atualmente têm muita coisa que fazer em vez de ficar perguntando sobre o porquê das coisas. O que eles querem saber antes de tudo é *como* as coisas funcionam. O porquê das coisas é deixado para os filósofos.

E aqui ele coloca uma pitada de ironia. Diz que os filósofos atuais não são mais como os de antigamente. Porque eles não têm conseguido acompanhar os avanços das pesquisas científicas. Até o século XVIII os filósofos consideravam seu campo de ação todo o conhecimento humano, inclusive o mundo científico. Mas, nos

---

[24] Stephen Hawking e Leonard Mlodinow, *op. cit.*, p. 144.

últimos dois séculos, a ciência tornou-se demasiadamente técnica e matemática. Nem todos conseguem acompanhar os passos largos de seus avanços e descobertas, exceto um punhado de especialistas. "Os filósofos – continua Hawking – reduziram tanto o alcance de suas indagações que Wittgenstein, o mais famoso filósofo do século XX, disse: 'A única tarefa que resta para a filosofia é a análise da linguagem'. Que degradação da grande tradição filosófica de Aristóteles e de Kant!"

Isso me faz lembrar dos meus tempos de estudo de filosofia, quando um colega saiu com esta definição jocosa: "A filosofia é uma ciência tal que, com a qual ou sem a qual, o mundo continua tal e qual".

É claro que isso é uma piada. As ideias filosóficas são alavancas poderosas capazes de alterar os rumos da história, tanto para o bem como para o mal. Se considerarmos, por exemplo, o cristianismo como uma filosofia de vida, temos de admitir que ele foi o maior modelador da civilização moderna, ao menos no ocidente. Outro exemplo mais recente é a filosofia marxista, um dos maiores erros concebidos pelos seres humanos ao afirmar que a história é orientada e determinada por leis rígidas semelhantes àquelas das ciências físicas, erro grave que causou tanta revolução no mundo inteiro e que matou cerca de 50 milhões de pessoas, segundo cálculos dos historiadores.

Voltando à teoria do tudo, fazemos a pergunta: Por que essa teoria é considerada tão importante? Porque ela poderia explicar tudo, sem que ela própria exigisse ou demandasse explicação. A teoria do tudo acabaria com o famoso enigma do ovo e da galinha. O que existiu primeiro, o ovo ou a galinha? Se foi a galinha, como é que ela apareceu por aí sem o ovo? Se foi o ovo, quem o botou primeiro? E assim vamos perguntando pelas causas anteriores, numa regressão que não poderá ser infinita. Tem de acabar em alguma causa primeira, que será a causa de todas as causas e de todas as coisas. A teoria do tudo seria capaz de nos indicar o que foi essa causa primeira?

Muitos cientistas são descrentes e afirmam que talvez nem exista essa tal de teoria definitiva, e que a "teoria do tudo" possa acabar em uma "teoria do nada". Mas, supondo que um dia seja encontrada essa teoria, quais seriam os seus efeitos? Podemos imaginar dois.

Os seres humanos ficariam extasiados e exclamariam: "Nossa! Que maravilha! Como agora tudo está claro! Vemos exatamente como tudo começou. Sabemos agora de onde viemos e para onde vamos. Como é que não tínhamos pensado nisso antes?". E a mente humana ficaria totalmente apaziguada e satisfeita, e não haveria mais perguntas nem de *como* nem de *por que* o universo e os seres humanos existem.

Ou, pelo contrário, continuaria tudo "la même chose", com as mesmas perguntas não respondidas e com a mente humana inquieta e insatisfeita como dantes. E Deus continuaria sendo invocado como o criador de tudo.

Stephen Hawking termina o seu livro, *Uma nova história do tempo*, com este texto que se tornou famoso:

> Se realmente descobrirmos uma teoria completa (a teoria do tudo), seus princípios gerais deverão ser, no devido tempo, compreensíveis para todos, e não apenas para uns poucos cientistas. Então, todos nós, filósofos, cientistas e simples pessoas comuns, seremos capazes de participar da discussão de por que nós e o universo existimos. Se encontrarmos uma resposta para essa pergunta, seria o triunfo último da razão humana – porque, então, conheceríamos a mente de Deus.[25]

---

[25] Stephen Hawking e Leonard Mlodinow, *op. cit.*, p. 145.

Então, naquele dia, o *Homo sapiens* seria onisciente. Seria também onipotente, como Deus?

A partícula de Deus

"Físico diz que 'partícula de Deus' será encontrada em breve!" Esta foi a manchete da imprensa alardeada no mundo inteiro, por ocasião da inauguração de um grande acelerador de partículas em setembro de 2008.

O físico em questão é o cientista britânico Peter Higgs. Há 40 anos, quando estava pesquisando na Universidade de Edimburgo, ele sugeriu que as partículas não teriam nenhuma massa logo após o *Big Bang*. Quando o universo esfriou e a temperatura caiu abaixo de um valor crítico, um campo de força invisível foi formado e, juntamente com esse campo, apareceu uma partícula especial. Essa partícula recebeu o nome de *bóson de Higgs*.[*] O físico Leon Lederman, que ganhou o Prêmio Nobel em física, sugeriu que o bóson teórico poderia ser chamado de "partícula de Deus", porque sua descoberta conseguiria unificar a compreensão da física de partículas e ajudar os seres humanos a "conhecer a mente de Deus".

A teoria de Higgs afirma que deve haver um campo no espaço vazio, semelhante ao campo eletromagnético. Como as partículas se movem pelo espaço, elas passam por esse campo e, ao interagir com ele, adquirem massa. As que passam com dificuldade pelo campo, como se estivessem presas em um pote de mel, ganham mais inércia e massa. As que passam com mais

---

[*] Bóson é um tipo de partícula subatômica cujo spin (modo de rotação) tem número inteiro.

facilidade tem menos massa, são mais leves. E as que passam sem nenhuma dificuldade não tem massa.

Nós sabemos que os campos, na linguagem da mecânica quântica, têm partículas ou ondas associadas a eles, de um modo análogo como as ondas do mar estão associadas à superfície da água. Por exemplo, o campo eletromagnético tem como partícula (ou onda) o fóton. Assim deve haver também uma partícula associada ao campo de Higgs. Essa partícula seria o bóson. Achar essa partícula é, portanto, a chave para se descobrir se o campo de Higgs existe ou não.

No início, os físicos teóricos mostraram ceticismo pela ideia de Higgs. "Meus colegas achavam que eu fosse meio idiota", disse ele. Mas, com o passar do tempo, os estudos e os experimentos mostraram que a ideia não era fora de propósito. Tanto é assim que a comunidade científica resolveu construir um acelerador de partículas imenso, dotado de aparelhos sofisticados, um projeto de dois bilhões de dólares, para tentar detectar o bóson de Higgs. Esse acelerador recebeu o nome de Large Hadron Collider (Grande Colisor de Hádrons), uma imensa construção instalada em um túnel circular de 27 km de comprimento, a 100 metros de profundidade, na fronteira entre a França e a Suíça. Terá a capacidade de demonstrar quais partículas são criadas nas colisões entre feixes de prótons viajando com velocidade próxima à da luz. A intenção dos cientistas é de recriar as condições rapidamente mutáveis que existiam no universo uma fração de segundo após o *Big Bang*.

Higgs inspecionando o túnel

É possível que o bóson de Higgs apareça e seja detectado nas colisões. Seu estudo poderá dar a resposta a uma pergunta fundamental que atormenta os físicos teóricos: Por que a matéria tem massa? Até pouco tempo atrás, a massa era considerada uma propriedade tão básica da matéria que ninguém sequer ousava perguntar de onde ela vinha. Existia e pronto. Mas se o campo e o bóson de Higgs existirem, poderão ser eles os responsáveis pelo mecanismo com o qual as partículas adquirem massa. E teríamos, então, a resposta à pergunta de onde vem a massa que existe no universo.

Entre os cientistas ainda há muitos céticos a respeito desse assunto. Entretanto, se realmente o bóson for confirmado, seu estudo poderá levar-nos a vislumbrar coisas incríveis, um mundo novo para a física, jamais imaginado antes. Nos próximos anos talvez saberemos se a teoria está correta ou não.

8

Ciência, Espiritualidade e Religião

Richard Dawkins, apoiado em sua ideia preconcebida de que só existe a matéria e nada mais que a matéria, ataca os que dizem que pode haver paz entre ciência e religião. Se não existem seres sobrenaturais como ele pensa, então a ciência reina absoluta, sem dar lugar nem chance para a religião. Ciência e religião seriam inimigas irreconciliáveis, uma excluindo a outra. Afirma ele que a ciência destruiu a fé em seres sobrenaturais e relegou Deus à periferia da cultura, onde é cultuado apenas por fanáticos. Para ele, nenhum cientista que vale o pão que come acredita em Deus.

Essa ideia sobre a incompatibilidade entre ciência e religião não é compartilhada por muitos cientistas sérios e famosos. Stephen Jay Gould foi um dos biólogos evolucionistas dos mais destacados. Ele afirma que a natureza pode ser interpretada de modo teísta ou ateísta. Ambas as interpretações representam possibilidades intelectuais genuínas para a ciência. Não existe incompatibilidade entre ciência e religião. Essa declaração feita pelo principal biólogo evolucionista dos Estados Unidos enfurece Dawkins. Como Gould ousou dizer tal coisa? "Simplesmente não acredito que Gould possa ter querido dizer mesmo boa parte do que escreveu em *Pilares do Tempo*" (p. 89).

No mesmo ano em que o livro *Deus, um Delírio* foi lançado na Inglaterra (2006), foram também publicados três outros livros de cientistas importantes que discordam das opiniões dele.

Francis Collins, como já vimos no início, é um biólogo respeitado e diretor do projeto que decifrou o código genético humano. Escreveu o best-seller *A linguagem de Deus*, no qual argumenta que as maravilhas e a ordem que observamos na natureza apontam para um projetista. Ele faz a observação: "Nessa era moderna de cosmologia, evolução e genoma humano, será que ainda existe a possibilidade de uma harmonia satisfatória entre as visões científica e espiritual do mundo? Eu respondo com um sonoro sim! Em minha opinião, não há conflitos entre ser um cientista que age com severidade e uma pessoa que crê num Deus que tem interesse pessoal em cada um de nós".[26]

O astrônomo da Universidade de Harvard, Owen Gingerich, escreveu *God's Universe* (O Universo de Deus) em que declara que "o universo foi criado com intenção e propósito, e que tal crença não interfere no empreendimento científico".

O cosmólogo Paul Davies escreveu *Goldilocks Enigma,* em que expõe a teoria da "sintonia fina" no universo. Para ele, existe algo divino lá fora (ou aqui dentro) que, de alguma maneira, está por trás de tudo e que causou o aparecimento e desenvolvimento da vida e da mente humana. Isso vai contra o preconceito de Dawkins, para quem a ideia de algum propósito ou de algum projeto para a vida e o universo já está superada.

Anthony Flew (nascido em 1923) é um filósofo muito conhecido, autor de mais de trinta obras nas quais defendeu os princípios do ateísmo. Seu famoso artigo, *Theology and Falsification,* foi a publicação filosófica mais lida e reimpressa no século XX. Recentemente ele mudou de ideia, passou a crer em Deus e escreveu o li-

---

[26] Francis Collins, *A Linguagem de Deus: um cientista apresenta evidências de que Ele existe,* Gente, 2007, 3ª ed., p. 14.

Ciência, Espiritualidade e Religião 103

vro *Um ateu garante: Deus existe – as provas incontestáveis de um filósofo que não acreditava em nada*, em que conta sua vida de ateu e faz um relato dos argumentos que o levaram a mudar de ideia.

Muitos dos grandes cientistas veem uma correlação direta entre as suas pesquisas e a afirmação de que existe uma "Mente Superior". O próprio Einstein acreditava nessa Mente Superior ou, como ele dizia, no "poder de raciocínio superior" que está por detrás das leis da natureza. Ele não era ateísta, pois negou expressamente:

> Não sou um ateísta e não acho que posso me chamar de panteísta. Estamos na situação de uma criança que entra em uma enorme biblioteca cheia de livros escritos em muitas línguas. A criança sabe que alguém escreveu aqueles livros, mas não sabe como. Não entende os idiomas nos quais eles foram escritos. Suspeita vagamente que os livros estão arranjados em uma ordem misteriosa, que ela não compreende. Isso, parece-me, é a atitude dos seres humanos, até dos mais inteligentes, em relação a Deus. Vemos o universo maravilhosamente arranjado e obedecendo a certas leis, mas compreendemos essas leis apenas vagamente. Nossa mente limitada capta a força misteriosa que move as constelações.[27]

O historiador Ronald W. Clark, que escreveu o livro *Einstein: the Life and Times*, um dos melhores livros escritos até hoje sobre Einstein, apresenta o cientista como um homem profundamente religioso. Clark insiste num fato paradoxal: Os cientistas materialistas geralmente evitam cuidadosamente colocar Deus no meio dos assuntos científicos, com medo de diminuir o esplendor de

---

[27] Citado por Antony Flew em *Um ateu garante: Deus existe*, Ediouro Publicações S.A., 2008, p. 102.

104   Deus no século XXI

sua glória de cientistas autênticos e cem por cento sérios. Einstein não tinha esse preconceito e falava frequentemente em Deus.

Alister McGrath, em seu livro *O Delírio de Dawkins*, traz uma pesquisa que desmente a afirmação de Dawkins de que os cientistas são ateus.[28] Em 1916, cientistas importantes foram perguntados se acreditavam em um Deus que criou o universo e cuida dele, especificamente num Deus que se comunica com as pessoas e atende a seus pedidos. Os resultados ficaram famosos: 40% acreditavam nesse tipo de Deus, 40% não acreditavam e 20% não tinham certeza.

Essa mesma pesquisa, com as mesmas perguntas, foi repetida oitenta e um anos depois, em 1997. Os resultados foram praticamente os mesmos: 40% acreditavam nesse tipo de Deus e 45% não acreditavam. James Leuba, que conduziu a pesquisa original em 1916, previu que o número de cientistas que não acreditavam aumentaria significantemente com o passar do tempo. Mas isto não aconteceu.

Portanto, a insinuação do autor de que os cientistas sérios só embarcam na canoa da ciência, que é a única que salva, e que a canoa da metafísica e da religião é uma canoa furada, não passa de um fundamentalismo radical.

Um furo na Bitola Dawkinsiana

Dawkins tem o seu dogma fundamental, a *Bitola Dawkinsiana*, e afirma que nada existe fora dela. Para ele, o principal mandamento é este: "Não saltarás para fora da *Bitola*". Seria um pecado mortal contra a ciência. Fora da *Bitola* não há salvação.

---

[28] Alister McGrath e Joanna McGrath, *O Delírio de Dawkins*, Editora Mundo Cristão, 2007, p. 59-60.

Ciência, Espiritualidade e Religião 105

Não existe nenhuma possibilidade de se saltar da física para a metafísica, do natural para o sobrenatural, da ciência para a religião. É por isso que Deus – o Deus dos cristãos – que fica fora da *Bitola* é um delírio.

Mas há uma contradição quase imperceptível nesse raciocínio. Existe um pequeno furo na *Bitola Dawkinsiana*. O autor diz que "quase com certeza Deus não existe". O "quase" sugere que há uma pequena probabilidade da existência de Deus. Ele também tentou provar – sem sucesso, como vimos – que a probabilidade de que Deus existe chega perto de zero. Chega perto, mas não atinge o zero absoluto. E diz também que ele próprio não é um ateu puro, pois carrega em si alguns traços de crente.

Tudo isso nos leva a afirmar que Dawkins admite uma pequena probabilidade da existência de Deus. Portanto, existe também uma pequena possibilidade de se saltar para fora da *Bitola*, de se saltar da física para a metafísica, do natural para o sobrenatural, da ciência para a religião. A *Bitola* não passa de uma canoa furada. Dawkins tentou provar que esse furo é pequeno. Mas, como ele se baseou em argumentos falaciosos, o furo pode ser bem maior.

Ciência e fé se contradizem?

Dawkins afirma que fé e religião se excluem mutuamente. Para ele, as duas são inimigas mortais. Esse modo de pensar vai frontalmente contra a doutrina da Igreja católica, que ensina com clareza que as verdades da fé e as verdades da ciência não se contradizem. Dando um exemplo corriqueiro, se a matemática prova que dois mais dois são quatro, a fé jamais poderá dizer que são cinco. Portanto, fé e ciência podem conviver pacificamente uma ao lado da outra.

Esse conceito já foi definido pelo Concílio Vaticano I (1869-1870): As verdades da fé e as verdades da ciência não podem nunca se contradizer.[29] Ou, explicitando melhor, podemos dizer: "As verdades verdadeiras da fé e as verdades verdadeiras da ciência nunca se contradizem".

Por que "verdades verdadeiras"? Porque houve "verdades" que não eram verdadeiras. Da parte da ciência temos como exemplo a "verdade" – que durou séculos – segundo a qual a terra era o centro do universo e o sol girava ao redor dela, e não o contrário. Da parte da religião, acreditou-se – por muito tempo – que o mundo fora criado em seis dias de vinte e quatro horas e que a terra tinha apenas seis mil anos, com base em cálculos derivados de uma interpretação ao pé da letra do livro do Gênesis.

O fundamento desse princípio ensinado pela Igreja é simples: tanto as verdades da fé como as verdades da ciência têm um único autor – Deus – que nunca se contradiz. Daí resulta uma conclusão importante, tanto para o cientista como para o teólogo: ninguém deve ter medo da verdade, porque a verdade é de Deus, ou melhor, Deus é a verdade. Então, tanto o cientista como o teólogo ou filósofo podem prosseguir tranquilos em suas pesquisas, um respeitando o campo do outro, sem nunca ter medo de se "trombarem".

A atitude agressiva de Dawkins nessa questão de ciência e religião se deve em parte à sua ojeriza contra os criacionistas fundamentalistas, que querem interpretar a Bíblia ao pé da letra, mesmo quando essa interpretação vai frontalmente contra as evidências da ciência. Penso que aqui também se poderia aplicar um princípio semelhante ao seguido pela Igreja católica: As verdades verdadeiras da ciência e as verdades verdadeiras contidas na Bíblia nunca se contradizem.

---

[29] Concílio Vaticano I, 1797.

Ciência, Espiritualidade e Religião   107

O ensinamento católico há muito tempo já resolveu o problema da interpretação dos textos bíblicos. "Compete às ciências naturais explicar como a árvore da vida em particular continua crescendo e como novos ramos brotam dela. Esta não é uma questão para a fé". Este conceito o Papa Bento XVI expressou em seu livro *No princípio: Uma Compreensão Católica da História da Criação e da Queda*, em 1990, quando ainda era o Cardeal Ratzinger. E fez uma distinção importante ao afirmar que não se deve dizer "criação ou evolução" – como se os dois conceitos se excluíssem mutuamente – mas sim "criação *e* evolução", porque são duas realidades distintas e complementares que não se excluem. A *evolução* busca entender e descrever os desenvolvimentos biológicos, ao passo que a *criação* tenta explicar de onde vem o "projeto" do ser humano, a origem e a natureza particular dele. A evolução situa-se no campo da ciência experimental ou empírica; a criação, no campo da religião ou da metafísica. A evolução procura compreender *como* as coisas funcionam, a criação procura o *porquê* das coisas.

A ideia de que a ciência é única e absoluta na explicação do universo e que não deve sobrar nada para a religião nem para a metafísica pode levar a declarações de cunho fundamentalista, como esta de Richard Lewontin, um geneticista da Universidade de Harvard:

> Nós ficamos do lado da ciência, apesar do evidente absurdo de algumas de suas construções, apesar de seu fracasso para cumprir muitas de suas extravagantes promessas em relação à saúde e à vida, apesar da tolerância da comunidade científica em prol de teorias certamente não comprovadas, porque nós temos um *compromisso prévio*, um compromisso com o materialismo. Não é que os métodos e instituições da ciência de algum modo nos compelem a aceitar uma explicação material

dos fenômenos do mundo, mas, ao contrário, somos forçados por nossa *prévia adesão* à concepção materialista do universo a criar um aparato de investigação e um conjunto de conceitos que produzam explicações materialistas, não importa quão contraditórias, quão enganosas e quão mitificadas para os não iniciados. Além disso, para nós *o materialismo é absoluto*, não podemos permitir que o "pé divino" entre por nossa porta[30] (o itálico é nosso).

Isto é o que se chama fundamentalismo radical!

O filósofo Antony Flew faz uma distinção clara entre os papéis da ciência e da filosofia, que também pode ser estendida aos papéis da ciência e da religião:

> Vocês talvez perguntem como eu, um filósofo, podia envolver-me com assuntos tratados por cientistas. A melhor maneira de responder a isso é com outra pergunta. Com o que estamos lidando aqui, com ciência ou filosofia? Quando estudamos a interação de dois corpos físicos, por exemplo, duas partículas subatômicas, estamos lidando com ciência. Quando nos perguntamos como é que aquelas duas partículas – ou qualquer coisa física – podem existir e por que existem, estamos lidando com filosofia. Quando extraímos conclusões filosóficas de dados científicos, estamos pensando como filósofos.[31]

Espiritualidade e religião

Quando alguém perguntou a Mônica Lewinsky – aquela que teve um caso com o presidente dos Estados Unidos – se ela não considerava pecado o que tinha feito com o presidente, ela res-

---

[30] Phillip E. Johnson, *Objections sustained*, InterVarsity Press, Illinois, 1998, p. 71.
[31] Antony Flew, *op. cit.*, p. 94-95.

pondeu: "Eu não sou muito religiosa. Sou mais espiritual". Com isso talvez ela tenha entendido o seguinte: "Eu creio, sim, em Deus e em seres espirituais, mas não pertenço a nenhuma religião que diga que o que fiz com o presidente é pecado".

Existe diferença entre ser espiritual e ser religioso? Ou entre espiritualidade e religião? Segundo a opinião de vários autores, existe sim. A espiritualidade é baseada na consciência; a religião, no conhecimento. A espiritualidade é universal, é um patrimônio da humanidade, existe em todos os povos. A religião é alguma manifestação particular da espiritualidade com base na cultura, na tradição e nas crenças de cada povo, tribo ou raça. Cada cultura tem sua própria forma de religião.

Há quem diga até que a espiritualidade é genética, isto é, que é herdada, que passa de pai para filho. O biólogo Dean Hamer escreveu o livro *The God Gene* (O gene de Deus), no qual tenta provar que existe um gene específico que é responsável pela transmissão da espiritualidade. Diz ele que a espiritualidade é genética (adquirida geneticamente), enquanto que a religião é "memética" (adquirida através dos "memes", isto é, pela transmissão das culturas e tradições):

> A espiritualidade é baseada na consciência, a religião no conhecimento. A espiritualidade é universal, enquanto que as culturas têm suas próprias formas de religião. Eu diria que o contraste mais importante é que a espiritualidade é genética, enquanto que a religião é baseada na cultura, tradições, crenças e ideias. Em outras palavras, é memética. É por isso que a espiritualidade e a religião exercem impactos tão diferentes nas vidas de cada um e da sociedade.[32]

---

[32] Dean Hamer, *The God Gene*, Anchor Books, New York, 2005, p. 213.

Podemos, então, distinguir duas coisas: o núcleo central da crença (a espiritualidade) e os periféricos que envolvem esse núcleo central (a religião). A História das Religiões prova que todos os povos tiveram manifestações de espiritualidade, acreditaram na existência de seres sobrenaturais. A espiritualidade acompanha a humanidade desde o tempo em que o *Homo sapiens* se entendeu como gente. Os periféricos são as manifestações da espiritualidade que podem ser diferentes de povo para povo.

Em que consistem esses periféricos? Consistem nas crenças, crendices e liturgias que se vão formando através dos tempos e vão passando de geração para geração. Como é que eles surgem? É difícil precisar. Podemos fazer uma comparação com o que acontece na história da vida dos santos. Pois na biografia deles também existem "periféricos". São histórias ou contos que não se sabe como surgiram e que são contados de boca em boca. E, como diz o ditado, quem conta um conto aumenta um ponto. Os italianos usam de uma expressão que descreve bem o conceito dos periféricos: a palavra *fioretti*, que significa florzinhas ou buquê de flores. São contos floridos que envolvem a vida dos santos e que não têm comprovação histórica. A vida que mais foi enfeitada com os *fioretti* é a de São Francisco de Assis.

Um dos *fioretti* mais espetaculares que já li foi o daquele santo que fazia muitos milagres, de tal modo que o povo acorria aos milhares para receber a sua bênção. O superior, incomodado com tanta balbúrdia na portaria do convento, proibiu o santo de fazer milagres. E, é claro, o santo obedeceu, pois de fato era santo. Um dia, andando pelas ruas da cidade, ele viu lá no alto de um andaime um pedreiro assentando tijolos. De repente, o homem perdeu o equilíbrio e começou a cair. O santo estendeu rápido a mão na direção dele e gritou: "Espere aí, que eu vou pedir ao superior a licença de fazer milagre". E diz o conto que aquele sujeito ficou suspenso no ar, esperando até que o santo chegasse de volta com a licença do superior.

Ciência, Espiritualidade e Religião

Historietas desse tipo faziam e fazem as delícias do folclore popular. De modo análogo, podemos aplicar o conceito de *fioretti* aos fatos que deram origem a muitas crenças ou crendices religiosas. Como é que elas surgiram? Por exemplo, o uso do "despacho" no folclore brasileiro. Alguém coloca na encruzilhada de ruas ou estradas uma galinha preta – tem de ser preta – entre flores e um pouco de farofa. E, detalhe importante, ao lado uma garrafa de pinga. A finalidade é chamar a atenção de algum deus ou santo para que confira uma graça a alguém ou lance uma desgraça sobre algum desafeto. Como é que surgiu tal crendice? É difícil saber.

Fioretti desse tipo encontram-se muitos. E não há só coisas bonitas ou engraçadas. Há também histórias horripilantes. Os povos astecas do México, por exemplo, tinham a crença de que o consumo de carne humana – canibalismo – era um meio de ligação com divindades. Eles acreditavam que seus deuses tinham uma insaciável fome por carne humana. E a carne tinha de ser fresca. Se essa fome não fosse saciada, os deuses destruiriam o mundo. Por isso, o sacrifício de seres humanos foi uma das maiores preocupações dos astecas. Calcula-se que para a cerimônia de inauguração da grande pirâmide de Tenochtitlan, a pirâmide do Sol, foram capturados e sacrificados vinte mil inimigos. A liturgia do sacrifício era macabra. As vítimas eram obrigadas a subir até o topo da pirâmide onde eram colocadas de costas sobre o altar. Os sacerdotes, então, abriam-lhes o ventre e retiravam as vísceras. Depois a vítima era rolada escadaria abaixo. O caçador que havia capturado aquela vítima podia beber o seu sangue e comer o seu coração. O resto do corpo era dividido e devorado naquela mesma noite.[33]

---

[33] Cf. Dean Hamer, *op. cit.*, p. 200.

Os astecas praticavam essas barbaridades porque acreditavam que a vítima tomava a natureza de algum deus no momento em que era sacrificada. Ao comer sua carne, aquela força divina seria transferida para quem comia. Um caso extremo do ditado: "Você é o que come". Quem é que pode explicar como surgiu e como se implantou um costume tão macabro?

Pois bem. O Sr. Richard Dawkins espertamente identificou nos fioretti um filão precioso e inesgotável para atacar e ridicularizar Deus e as religiões. Todo o vigor da retórica do seu livro está justamente no ataque aos periféricos que giram em torno da manifestação da espiritualidade universal dos povos. A maior parte do livro se ocupa em criticar as crenças e liturgias religiosas, que são escolhidas a dedo. É o que Dawkins sabe fazer de melhor. Apenas uma pequena porcentagem é usada para tentar provar com argumentos que "quase com certeza Deus não existe". É o que Dawkins não sabe fazer, como vimos.

Talvez justamente nesse ataque aos periféricos da espiritualidade é que podemos ver o lado proveitoso do livro. Porque, convenhamos, há muitas coisas na prática das religiões que fere o bom senso. E se aplicarmos sobre elas o detector de mentiras – o silogismo – elas não resistem. As críticas que o autor faz contra essas crenças são um alerta para que as religiões examinem o conteúdo de suas doutrinas e eliminem dele o joio que o tempo semeou no meio do trigo.

A Igreja católica tem um mecanismo que serve para combater o joio. São os concílios que os papas convocam de tempos em tempos, em que se reúne toda a cúpula da Igreja com a finalidade de fazer o *aggiornamento*, a atualização de doutrinas ou de questões de ética e de moral que não se ajustam mais aos tempos ou que estão defasadas diante das descobertas da ciência.

A aposta de Pascal

Ainda nesse assunto de ciência e religião, o autor se implica e se complica com uma polêmica antiga, conhecida como a aposta de Pascal. O francês Blaise Pascal (1623-1662) foi uma mistura de físico, matemático e filósofo, um dos grandes gênios do século XVII. Era religioso, mas passou por uma dolorosa experiência espiritual, com muitas dúvidas e incertezas. Escreveu a *Apologia da Religião Cristã*, com a intenção de responder às objeções contra a religião. Era muito doente e morreu cedo, aos 39 anos, não conseguindo terminar sua obra. Deixou muitas anotações e pensamentos dispersos que foram publicados sob o título de *Pensées* (Pensamentos), apreciados até os dias de hoje.

Depois de tentar todo tipo de argumento em favor da existência de Deus, deu-se conta de que nenhum deles era cabalmente convincente. De fato, não existem provas *científicas* sobre a existência de Deus. Usando os argumentos de probabilidades que o próprio Pascal ajudou a desenvolver, pode-se dizer que há um empate: 50% a favor da existência e 50% contra. Foi nesse contexto que Pascal forjou o famoso argumento da "aposta", que pode ser assim formulada:

Se você acredita em Deus e nas Escrituras e estiver certo, terá o paraíso como recompensa – terá feito o maior negócio de sua vida e será feliz eternamente.

Se você acredita em Deus e nas Escrituras e estiver errado, não terá perdido nada – terá feito um negocinho mixuruca.

Se você não acredita em Deus e nas Escrituras e estiver certo, também não terá perdido nada.

Mas se você não acredita em Deus e nas Escrituras e estiver errado, irá para o inferno – terá feito o pior negócio de sua vida, com perda total e irremediável, e você estará frito eternamente.

A aposta apresenta a seguinte vantagem: ou você tem tudo a ganhar ou você não tem nada a perder. Portanto, a aposta não é uma coisa irracional e vale a pena fazê-la.

Dawkins critica a aposta de Pascal no seu livro (p. 146). Os que fazem essa aposta, diz ele, têm uma fé fingida. Mas ele próprio não tem certeza absoluta de que Deus não existe, pois conserva em si, bem lá no fundo, alguns traços de crente. Foi por isso que tentou provar que "quase com certeza Deus não existe". Este "quase" significa dúvida. Então, se ele não tem certeza absoluta de que Deus existe ou não, qual é o problema de ele mesmo fazer uma "fezinha" na aposta? Teria ele uma fé fingida se o fizesse?

É de Pascal a famosa frase "O coração tem razões que a própria razão desconhece". Então, pode-se dizer que, no fundo, a "aposta" nada mais é do que seguir a "razão do coração". Pois, como dizia Santo Agostinho nas *Confissões*, é somente em Deus que o coração humano pode verdadeiramente repousar. E enquanto isso não acontece, o coração permanece inquieto.

É evidente que Pascal, sendo cristão, falou da aposta visando os religiosos de fé cristã. A aposta pode não valer para outras religiões cujas crenças são diferentes. É preciso compreender que Pascal não pretendia "provar" a existência de Deus. O seu objetivo primeiro era despertar o descrente para uma possível conversão a Deus.

O teólogo Joseph Ratzinger, hoje Papa Bento XVI, também lançou uma aposta semelhante ao não crente. Diz ele que deveríamos inverter o axioma dos iluministas que dizem "viver como se Deus não existe", para este outro: "viver como se Deus existe", mesmo que não se consiga encontrar o caminho da aceitação de Deus. A vida é demasiado breve, demasiado preciosa, demasiado difícil para ser vivida de qualquer maneira.

9

As "provas" da existência de Deus

O problema da existência de Deus é um assunto que atravessa toda a história da humanidade, desde os tempos mais remotos. É considerado um assunto tão importante que praticamente todos os filósofos o abordaram seriamente, a começar pelos pré-socráticos Xenofonte e Anaxágoras. Mas até os tempos de Platão (Atenas 428-347 a.C.) ainda não existia, pelo que se sabe, um conjunto de argumentos escritos e bem formalizados sobre a existência de Deus. Foi ele, Platão, filósofo grego, discípulo de Sócrates e mestre de Aristóteles, que primeiro os apresentou, seguido depois por Aristóteles. Esses argumentos foram considerados tão consistentes que serviram de base para todos os filósofos posteriores, sobretudo aos filósofos cristãos. Dentre eles se destaca Santo Tomás de Aquino, que viveu no século XIII e que com suas preleções e seus escritos tornou universalmente conhecidas as *cinco vias* a favor da existência de Deus.

Pois bem. Saiba o leitor que essas cinco vias já eram... Foram detonadas! Por quem? Pelo Sr. Richard Dawkins! No capítulo 3, ele investe contra elas: "As cinco 'provas' declaradas por Tomás de Aquino no século XIII não provam nada e é fácil – embora eu hesite em dizê-lo, dada sua eminência – mostrar como são vazias" (p. 111).

Depois desse cantar-de-galo no terreiro dos maiorais da filosofia, não consigo vencer a tentação de comparar o Sr. Richard Dawkins a um Dom Quixote, que podemos chamar de Dom Quixote Anglo-Saxão do Lado de Lá do Canal da Mancha. Ele vai

116 Deus no século XXI

arremeter-se contra os grandes filósofos da humanidade para destroçá-los. Podemos até imaginar a cena quixotesca, ele gritando para os de além-túmulo: "Ô Sócrates, ô Platão, ô Aristóteles, ô Agostinho, ô Tomás de Aquino, vocês não sabem nada, não provam nada e eu vou demonstrar que estão todos errados!".

Os filósofos e os teólogos sabem muito bem – e Dawkins também deveria saber se fosse teólogo ou filósofo – que as famosas cinco vias de Tomás de Aquino não são provas. São apenas "vias" ou argumentos a favor da existência de Deus. Esses argumentos são tidos como a demonstração da coerência interna da fé em Deus. Da parte da ciência, não existem provas físicas ou matemáticas sobre a existência de Deus. Da parte da filosofia, existem argumentos a favor da existência de Deus. E da parte da espiritualidade ou religião, existe fé na existência de Deus. O autor não faz essas distinções e gasta muita saliva para tentar provar o óbvio: que as cinco vias de Tomás de Aquino não provam definitivamente a existência de Deus, coisa que o próprio santo já sabia e que os filósofos e teólogos estão cansados de saber. O autor apenas faz "chover no molhado".

A Igreja católica afirma expressamente que as "provas" da existência de Deus não são provas do tipo científico, como as provas físicas ou matemáticas. São apenas argumentos a favor da existência. O Catecismo da Igreja Católica ensina:

> Criado à imagem de Deus, chamado a conhecer e a amar a Deus, o homem que procura a Deus descobre certas "vias" para ascender ao conhecimento de Deus. Chamamo-las também de "provas da existência de Deus", não no sentido das provas que as ciências naturais buscam, mas no sentido de "argumentos convergentes e convincentes" que permitem chegar a verdadeiras certezas.[34]

---

[34] Catecismo da Igreja Católica, p. 31.

As "provas" da existência de Deus

Para conferir se de fato o nosso Dom Quixote conseguiu destroçar os argumentos a respeito da existência de Deus, vamos apresentar aqui a primeira das cinco vias, a mais importante de todas, que é conhecida como a prova do *movimento* ou das *mudanças*. A nossa intenção é procurar onde está o erro que Dawkins diz que é fácil de encontrar no raciocínio dos filósofos.

O ato puro

O mundo que nos rodeia fornece-nos continuamente informações que entram por nossos sentidos. Assim tomamos consciência de muitas alterações que acontecem na natureza. Percebemos mudanças no céu que ora está nublado, ora ensolarado. Notamos que as plantas crescem, dão flores e frutos. Sabemos que uma casa branca pode ser pintada de amarelo. Sentimos por experiência que podemos locomover-nos de um lugar para outro. Percebemos, enfim, que as coisas mudam constantemente ao nosso redor.

Nos seres que mudam, podemos distinguir duas coisas:

- as qualidades ou perfeições que já existem neles;
- as qualidades ou perfeições que podem vir a existir neles.

As qualidades já existentes são ditas existentes EM ATO. As qualidades que ainda não existem, mas que podem vir a existir, são existentes EM POTÊNCIA.

Assim, uma parede branca tem cor branca em ato, mas tem cor vermelha em potência. Uma água fria está fria em ato, mas quente em potência. Portanto, mudança ou movimento é a passagem de uma qualidade em potência para a posse daquela mesma qualidade em ato.

E agora o mais importante: nenhum ser pode passar sozinho de potência para ato. Para mudar, ele precisa da ajuda de outro

118 Deus no século XXI

ser que tenha aquela mesma qualidade em ato. Por exemplo, a
água fria que está na panela é quente em potência. Para passar a
quente em ato, ela precisa receber o calor de outro ser – o fogo –
que tenha calor em ato. Outro exemplo: A parede branca em ato,
vermelha em potência, só ficará vermelha em ato caso receba o
vermelho de outra coisa – a tinta – que seja vermelha em ato. Em
outras palavras, todo ser que muda, isto é, que passa de potência
para ato, é mudado por outro ser que está em ato.

Então, para que haja mudança, o ato deve PRECEDER a potência. Assim, temos sempre que procurar um ser em ato que seja
anterior ao ser em potência. Essa procura por um ser anterior não
pode ser infinita. Se fosse infinita, a potência SEMPRE precederia o
ato e jamais haveria um ato anterior à potência.

Agora, a pergunta mais importante: O que ou quem foi o primeiro motor em ATO que começou a movimentar tudo, colocando
os outros seres de potência para ato? Este primeiro motor não
pode ser movido por outro, porque não há nada antes do primeiro.
Portanto, esse primeiro ser não pode ter potência passiva nenhuma, porque se tivesse alguma ele seria movido por um ser anterior. Logo, o primeiro motor só tem ATO ou, em outras palavras, o
primeiro motor de todos os movimentos é ATO PURO. Isto significa
que tem todas as qualidades ou perfeições em ato, e nada em potência.

E as perfeições e qualidades desse ATO PURO coincidem com
as do ser que chamamos Deus.

Deus então é ATO PURO, isto é, nele não existe nenhuma potência. Tudo nele está em ato. Por isso, Deus não pode usar o verbo
"ser" no futuro nem no passado. Ele não pode dizer "Eu serei
bondoso", porque isto implicaria que Ele não seria atualmente
bondoso, que teria potência de vir a ser bondoso. Deus também
não pode dizer "Eu fui", porque isto implicaria que Ele teria mu-

As "provas" da existência de Deus 119

dado, isto é, passado de potência para ato. Deus só pode usar o verbo ser no presente: Eu sou.

Aqui os religiosos acham uma coincidência com um fato bíblico. Quando Moisés perguntou a Deus qual era o seu nome, Ele respondeu "Eu sou aquele que é" (Êx 3,14). Isto poderia ser interpretado assim: "Eu sou ato puro, aquele que não muda nunca". Deus vive na dimensão da eternidade, onde não existe o tempo. Deus não foi nem será. Ele é.

Dizem que os filósofos principiantes ou medíocres frequentemente caem na tentação de colocar tempo em Deus. É o que faz Dawkins ao tentar refutar Tomás de Aquino. Ele endossa as palavras daqueles que dizem que, "se Deus é onisciente, Ele já tem de saber que vai intervir para mudar o curso da história usando sua onipotência" (p. 112). Parece que o autor não conseguiu captar o que significa o ato puro. Se ele diz que Deus "vai intervir" (em algum tempo futuro), está pondo tempo em Deus, ou, em outras palavras, está pondo potencialidade no ato puro, e isto é um erro grave no raciocínio dos filósofos. Em Deus não existe a dimensão tempo. Ele não foi nem será. Ele simplesmente é.

Stephen Hawking concorda com Santo Agostinho ao considerar falácia a tentativa de colocar tempo em Deus: "A ideia de que Deus possa querer mudar sua opinião é um exemplo da falácia apontada por Santo Agostinho, de imaginar Deus como ser existente no tempo. Tempo é uma propriedade apenas do universo que Ele criou. Presumivelmente Ele sabia o que pretendia quando o fez!".[35]

Dawkins cai na esparrela de colocar tempo em Deus. Mais uma das suas falácias! E desta vez quem apontou a falácia não fui

---

[35] Stephen Hawking , *Uma Breve História do Tempo*, Rocco, 1995, p. 227.

120   Deus no século XXI

eu. Foi nada mais nada menos do que o mais famoso astrofísico moderno, Stephen Hawking!

Outra escapatória que o autor apresenta para fugir do argumento do Ato Puro, que coloca um término na regressão infinita das causas, é a sugestão no mínimo curiosa de que toda a regressão poderia terminar simples e misteriosamente na "singularidade do *Big Bang*" (p. 113). A grande explosão seria o começo de tudo e ponto final, não se fala mais nisso. Mas essa ideia não satisfaz a mente humana que ainda fará a pergunta: "O que foi que deu origem ao *Big Bang*? O que havia antes dele?". O autor parece não ter essas preocupações, e a resposta dele poderia ser aquela que se ouve frequentemente da boca de quem não está nem aí com o problema: "Não sei, não quero saber e tenho raiva de quem sabe".

Depois de algumas tiradas retóricas, ele termina o *blá-blá-blá* simplesmente com essa afirmação sem justificativa: "Não está de maneira nenhuma claro que Deus seja uma terminação natural para a regressão de Tomás de Aquino" (p. 113). E é só. Ele não se dá ao trabalho de destrinchar o raciocínio do filósofo, não aponta onde se localiza o erro e não está preocupado em resolver o problema da regressão infinita. Ao ler a página 113, ficamos com a impressão nítida de que Dawkins tem pavor da ideia de que a regressão deva terminar em Deus. Para ele, a regressão das causas pode terminar em qualquer coisa, menos em Deus.

Ele faz também aquela pergunta inocente: "Quem projetou o projetista?" (p. 165). Ou, em outras palavras, "Quem criou Deus?". Elementar, Sr. Richard Dawkins: se o argumento dos filósofos e teólogos chega à conclusão de que Deus é o ato primeiro que começou a dar movimento a tudo, quem é que poderia ter sido o seu criador?

Continuamos fiéis ao lema de Sócrates: seguir o raciocínio até onde ele nos leva. O raciocínio dos grandes filósofos que termina na necessidade da existência do Ato Puro nos parece perfeito e podemos

As "provas" da existência de Deus

segui-lo com segurança. A não ser que o Sr. Richard Dawkins nos mostre – mas sem falácias, por favor – onde está o erro. Isto é um desafio.

Depois dessa investida do nosso Dom Quixote Anglo-Saxão do Lado de Lá do Canal da Mancha contra os maiorais da filosofia podemos até imaginar alguma reação que venha lá do além-túmulo. Tomás de Aquino, com seu jeito bonachão, que dizem que ele possuía, simplesmente menearia a cabeça e exclamaria: "Ó santa ignorância!".

As vias modernas a favor da existência de Deus

Os antigos argumentos ou vias a favor da existência de Deus continuam de pé, apesar das investidas de Dawkins e de outros novos ateístas para derrubá-los. A esses antigos argumentos foram acrescentados outros mais modernos, pelos filósofos e teólogos atuais.

Segundo Roy Abraham Varghese, fundador do *Institute for Metascientific Research* (Instituto para Pesquisas Metascientíficas), existem alguns fenômenos que se apresentam em nossa experiência imediata e que só podem ser compreendidos em termos da existência de uma Mente superior. Alguns desses fenômenos são:

- a vida – a capacidade de agir de forma autônoma;
- a consciência – a capacidade de estar ciente;
- o pensamento conceitual – o poder de articular e entender símbolos com significado, tais como aqueles inerentes à linguagem.[36]

É tremendamente improvável que esses fenômenos sejam frutos única e exclusivamente da matéria bruta. Ao dar início à

---

[36] Cf. Antony Flew, *Um ateu garante: Deus existe*, Ediouro Publicações S.A., 2008, Apêndice A.

122 Deus no século XXI

sua exposição a essas novas "provas" da existência de Deus, Varghese faz um experimento mental que vamos transcrever aqui.

Imagine estar diante de uma mesa de mármore. Você acha que, após um trilhão de anos ou mesmo um tempo infinito, essa mesa poderia tornar-se, repentina ou gradualmente, consciente, ciente do ambiente que a circunda, de sua própria identidade, da mesma forma que você? É simplesmente inconcebível que tal coisa viesse ou pudesse vir a acontecer. E o mesmo é verdade para qualquer tipo de matéria. Uma vez que você compreende a natureza da matéria, da relação massa-energia, percebe que, por sua própria natureza, a matéria nunca poderia tornar-se "ciente", nunca poderia "pensar", nunca poderia vir a pronunciar "eu". Mas a posição ateísta é a de que, em algum ponto da história do universo, o impossível e o inconcebível aconteceram. Matéria não diferenciada – e aqui nós incluímos energia – em algum ponto do tempo tornou-se "viva", depois consciente, depois conceitualmente proficiente e finalmente um "eu". Mas voltando a nossa mesa, vemos que tal ideia é simplesmente ridícula. A mesa não tem nenhuma das propriedades de um ser consciente e, dado um tempo infinito, não pode "adquirir" tais propriedades. Mesmo que se recorra a algum cenário absurdo sobre a origem da vida, será necessário abrir mão da própria razão para sugerir que, dadas certas condições, um pedaço de mármore poderia passar a produzir conceitos. E, num nível subatômico, aquilo que é válido para a mesa é válido para toda a matéria restante do universo.

Varghese está aplicando nesse texto da alegoria da mesa de mármore a lei da improbabilidade estatística que já vimos. É absurdamente improvável que a vida, a consciência, o pensamento sejam apenas manifestações da matéria bruta. Ao ler um livro, o leitor vai entendendo o sentido de cada palavra, vai relacionando as palavras entre si formando conceitos, vai costurando os conceitos para, no final, ter toda a compreensão do livro. Existe alguma maneira de se

As "provas" da existência de Deus 123

demonstrar que o entendimento que o leitor tem do assunto que está lendo nada mais é do que uma transação neurológica específica?

A mutação genética aleatória e a seleção natural são mecanismos passivos. Seriam eles capazes de formar a consciência e produzir os pensamentos e raciocínios? Como é que se pode dizer que a consciência foi produzida por algo que não possui a propriedade de consciência? Quem é que pode dizer e provar que os átomos, as moléculas e neurônios que compõem os seres vivos podem por si mesmos produzir conceitos e, o que é mais admirável ainda, relacionar esses conceitos entre si para produzir raciocínios e depois tomar decisões?

A matéria bruta não é capaz de gerar conceitos, padrões ou constantes matemáticas. Campos de força não planejam, não pensam nem calculam. É necessário que por detrás de tudo isso haja uma Mente superior.

Albert Einstein uma vez comentou que a coisa mais incompreensível acerca do universo é que ele é compreendido pela mente humana. Varghese insiste que essa compreensibilidade tem uma fonte distinta, uma fonte infinita de racionalidade. Se alguém negar isso vai tropeçar em uma incoerência. Ele conclui:

> Concordo que há transações neurais que acompanham meus pensamentos, e a neurociência moderna já identificou precisamente as regiões do cérebro que dão suporte a diferentes tipos de atividade mental. Mas afirmar que dado pensamento é apenas uma transação neurológica específica é tão insensato quanto sugerir que a ideia de justiça nada mais é do que algumas marcas de tinta sobre o papel. É incoerente, portanto, sugerir que a consciência e o pensamento sejam apenas e tão-somente transações físicas.[37]

---

[37] Roy Abraham Varghese, em Apêndice ao livro de Antony Flew, *op. cit.*, p. 152.

Dawkins admite expressamente, em seu livro *O Gene egoísta*, que o aparecimento da consciência no ser humano é difícil de ser explicado. Diz ele: "A evolução da capacidade de simular parece ter culminado na consciência subjetiva. Por que isto aconteceu é para mim o mais profundo mistério com o qual se defronta a Biologia moderna".[38] Mas, apesar de ser um profundo mistério, ele continua afirmando que a vida e os fenômenos da consciência e do pensamento humano nada mais são do que transações físicas. Já vimos no início como ele começa a sua definição de ateu: "Os pensamentos e as emoções humanas *emergem* de interconexões incrivelmente complexas de entidades físicas dentro do cérebro" (p. 37). Para ele a vida, as sensações, a autoconsciência, os raciocínios e pensamentos simplesmente emergem da matéria bruta. E fica furioso se alguém diz que tudo isso pode ter sido projetado por uma Mente superior. Essa bronca atinge o próprio Einstein, que defendia a necessidade da existência dessa Mente superior para explicar as forças e as leis da natureza.

A quem cabe o ônus da prova?

Finalizando essas considerações a respeito dos argumentos sobre a existência de Deus, resta ainda saber a quem compete o ônus da prova. Os ateus dizem: "Vocês, crentes, que afirmam que Deus existe, proveem que Ele existe. O ônus da prova está com vocês". Mas muitos teólogos e filósofos, entre eles Alvin Plantinga, dizem que é o contrário: são os ateus que devem provar que Deus não existe. Porque o sentimento de religio-

---

[38] Richard Dawkins, *O Gene Egoísta*, Editora Itatiaia, 2001, p. 82.

As "provas" da existência de Deus

125

sidade é uma coisa tão natural, tão forte e tão profunda no ser humano que pode até ser considerado uma coisa inata. Alguns dizem até que é uma coisa genética.[39] Portanto, são os ateus que têm a obrigação de provar que essa consciência profundamente arraigada no ser humano é falsa e que Deus não existe.

---

[39] Cf. Dean Hamer, *The God Gene*, Anchor Books, New York, 2005.

10

O método "científico" de Dawkins

Como vimos no início, uma das intenções de Richard Dawkins é obter o maior número possível de adeptos ao ateísmo. Infelizmente, para conseguir esse intento, ele deixa de lado o método estritamente científico, aquele método cuidadoso que procura colocar nos pratos da balança os *prós* e os *contras,* para, em seguida, tirar as conclusões. Dawkins, ao contrário, acumula todos os dados a favor de suas ideias em um dos pratos da balança e apresenta esse prato recheado a seus leitores, enquanto o outro permanece vazio. Em outras palavras, ele tenta puxar todas as brasas para a sua sardinha.

Um exemplo disso é a pesquisa que ele descreve sobre o experimento da prece (p. 93). A pesquisa foi feita com o objetivo de verificar se fazer oração pelos doentes os ajuda a se recuperar e ter melhor qualidade de vida. Para isso, vários pacientes foram submetidos a sessões de preces e os resultados foram anotados, tudo no velho e conhecido estilo de pesquisa IBOPE. Nem é preciso dizer que o resultado foi um fracasso, para gáudio do autor.

Dawkins tripudia em cima dessa pesquisa – absurda, no meu modo de entender – e faz dela um objeto de gozação, tirando o máximo de proveito em favor de sua tese. Um cientista sério não ficaria contente com esse procedimento leviano, nem tiraria conclusões sem examinar os dois lados do problema. Por que ele não se preocupou em procurar também os fatos contrários à

128 Deus no século XXI

sua tese? Por que não foi, por exemplo, a Lourdes onde se diz que acontecem muitas curas extraordinárias associadas ao poder da prece?

Em Lourdes estudam-se com seriedade as curas que não se explicam pelas leis naturais conhecidas. Existe lá uma equipe de médicos conhecida como Comissão Médica de Lourdes. Quando acontece uma cura considerada extraordinária, o doente curado é apresentado a essa Comissão e é examinado por diversos médicos. É aberto, então, um dossiê referente ao caso. Os médicos vão determinar principalmente dois pontos importantes:

- se a cura aconteceu de fato;
- se a cura é inexplicável pela ciência médica.

Se o caso não passar por essa primeira triagem, o dossiê é arquivado. Se passar, o processo continua e a pessoa curada deve retornar à Comissão Médica após um ano, para novos exames e confirmação da cura.

Se pelo menos dois terços dos médicos da Comissão Médica julgarem que a cura de fato aconteceu e que não é explicável pela medicina, o dossiê é enviado para a instância médica superior, o Comitê Médico Internacional de Lourdes (CMIL), com sede em Paris. O CMIL é composto por médicos de diferentes nacionalidades e de diversas modalidades da medicina. Seus membros, católicos ou protestantes, ou de qualquer outra religião e até mesmo ateus, reúnem-se uma vez por ano em Paris.

Munidos, então, do relatório da Comissão Médica de Lourdes, os médicos do CMIL fazem um novo exame completo do caso de cura, agora em nível internacional. Esse novo exame costuma durar por vários anos. Terminado o estudo, é feita a votação na reunião anual da CMIL, em Paris.

O método "científico"de Dawkins

Se pelo menos dois terços dos médicos da CMIL forem da opinião de que a cura é de fato inexplicável pela ciência médica conhecida, o dossiê é encaminhado para o bispo da diocese à qual pertence a pessoa curada. O bispo organiza, então, a Comissão Canônica, composta por alguns médicos. E cabe ao bispo, depois de ouvir o parecer dessa Comissão, proclamar ou não o caráter miraculoso da cura.[40]

Descrevemos todo esse processo utilizado em Lourdes para que o leitor possa fazer a comparação entre um tipo de pesquisa séria, feita pelas Comissões Médicas, com a pesquisa fajuta apresentada e ridicularizada pelo autor em seu livro.

Para colocar mais em evidência a leviandade de Dawkins, ao tratar desse assunto, e para provar que a prece pode, sim, aliviar os sofrimentos de doentes, penso ser apropriado trazer aqui dois exemplos de curas extraordinárias, dentre as muitas que foram narradas em meu livro *Lourdes: Ontem e Hoje*.[41] São exemplos atestados por médicos sérios e competentes e guardados em registros em Lourdes, portanto de comprovada confiabilidade.

"Se você voltar curado, então eu acreditarei"

Curiosamente um médico sem religião foi o primeiro homem da ciência a observar e, depois, a vigiar Bernadete Soubirous, a vidente de Lourdes, no exato momento das visões que ela dizia ter em frente à gruta de Massabielle. Desde as primeiras aparições, Dr. Pierre Dozous estava lá, colocava-se um pouco à parte e, quando a vidente entrava em êxtase, abria caminho entre a multidão. Relógio na mão, ele se aproximava silenciosamente da

---

[40] Cf. Yves Chiron, *Os Milagres de Lourdes*, Ed. Loyola, 2002, cap. 4.
[41] Augusto Pasquoto, *Lourdes: Ontem e Hoje*, Editora Santuário, Aparecida, 2009.

menina e segurava o seu punho para contar as pulsações e avaliar seu estado físico e psicológico.

O Dr. Dozous confessou que não tinha dúvida de que Bernadete "via" alguma coisa. Ele a considerava uma "iluminada", uma espécie de vidente mística que fabricava ela própria, inconscientemente, a aparição da "bela Senhora".

Mas quando alguém veio um dia lhe falar das "curas" milagrosas obtidas pela água da fonte da gruta, o homem enfezouse. Se havia uma coisa que o tirava do sério era ouvir falar de tais "curas". A água da fonte da gruta que havia surgido quando Bernadete cavou o chão com a mão, no lugar onde a Senhora lhe havia indicado, não era nada diferente das águas que corriam por toda parte no vale de Lourdes. E o doutor sabia que essa água não tinha em si nenhum poder terapêutico.

Pois bem, no ano de 1858, o mesmo ano das aparições, o Dr. Dozous tinha entre seus pacientes um homem que havia trabalhado numa pedreira. Chamava-se Luís Bouriette. Ele tinha sido vítima de um acidente: não teve tempo de correr para o abrigo, depois de acender o cordão de detonação das bombas que arrebentavam as pedras. A explosão atingiu em cheio seu rosto. Cacos de pedra voaram em todas as direções e um deles encravou-se em seu olho direito. A órbita desse olho tornou-se uma chaga difícil de cicatrizar. Desde o começo o doutor falou claro com ele:

– Meu pobre Luís, a medicina não pode fazer nada para lhe restituir a visão desse olho. Fique feliz por ter o outro olho bom e não estar completamente cego.

Um dia, Luís ouviu falar da fonte da gruta de Massabielle. Diziam que estavam acontecendo coisas misteriosas com a água dessa fonte. E ele contou ao Dr. Dozous:

– Doutor, dizem que a água da fonte da menina Bernadete está curando. E se eu tentasse...

O método "científico" de Dawkins

Dozous estremeceu. Era demais! Um de seus pacientes, a quem ele havia repetido muitas vezes que era incurável, vinha agora, em seu próprio consultório, dizer tamanha asneira! Aborrecido, quase gritando, disse ao cego:

– Ouça-me bem, Luís. Você é livre para ir ou não à gruta de Bernadete. Mas se você voltar de lá curado, então eu acreditarei...

Luís percebeu a irritação do médico e ficou na dúvida se devia ir ou não à gruta. Resolveu ir. Mais tarde, ele confessou que foi sem ter muita fé:

– Fui mais por curiosidade. Mas, no fundo de mim mesmo, talvez houvesse um pouco de esperança.

Chegando à gruta, Luís pegou um pouco daquela água da fonte que ainda era suja e barrenta. Esperou que a sujeira se decantasse e, depois, molhou o seu olho cego. Levantou-se e, fechando com a mão o olho bom, tentou, por curiosidade, olhar ao seu redor. O que aconteceu, então, pareceu-lhe totalmente incrível. Balbuciou algumas palavras de espanto e repetiu várias vezes a experiência. Finalmente, convenceu-se de que estava vendo. Em um instante ele havia recuperado a vista do olho, depois de tanto tempo de cegueira.

Tomado de forte emoção, saiu correndo e foi para a casa do Dr. Dozous.

– Doutor, estou curado, estou curado!

Dozous, que já tinha esquecido aquilo que Luís lhe havia dito de ir à fonte de Massabielle, respondeu calmamente:

– É impossível, meu caro Luís. O remédio que eu lhe dou não pode curar seu olho. São apenas gotas para suavizar a dor e evitar que a infecção passe para o outro olho. Você sabe muito bem que é incurável!

– Mas não foi o senhor que me curou. Foi a água da gruta!

O doutor, então, lhe disse com ironia:

132

Deus no século XXI

– Ah! Quer dizer então que você está curado! Você vai ver já se está curado!

Tomando um cartão, o doutor escreveu esta frase que ficou famosa: "Bouriette tem uma cegueira incurável. Ele não pode ver, ele não verá jamais". Em seguida, tapando com a mão o olho bom de Luís, disse:

– Já que você está curado do seu olho, faça um esforço para decifrar o que eu escrevi.

Bouriette leu sem nenhuma dificuldade.

O doutor estremeceu. Na narrativa que fez desse episódio, ele escreveu: "Se um raio tivesse caído a meus pés, eu não ficaria tão assustado!".

Desde esse dia, o Dr. Dozous reconheceu honestamente que tinha feito pouco caso de Bernadete e da fonte da gruta. Lembrou-se da promessa que havia feito a Luís: "Se você voltar de lá curado, então eu acreditarei!". Decidiu consagrar-se, de então em diante, à observação dos fenômenos de Lourdes. Mais tarde ele fez uma declaração: "As curas de que tantas vezes fui testemunha ocular, lançaram em meu espírito uma luz que não me permitiu menosprezar a importância de Bernadete na gruta de Massabielle e a realidade das aparições com que foi favorecida".[42]

Com que cérebro ele pensa?

Ruth Cranston, uma historiadora protestante que esteve em Lourdes pesquisando as curas extraordinárias que lá acontecem,

---

[42] Cf. S. M. D'Erceville: *Lourdes, a história, os milagres, a mensagem*, Ed. Paulinas, São Paulo, 1962, p. 118.

conta a história impressionante de Guy Leydet, um menino francês com meningo-encefalite e que sofria de idiotismo.

> Fui a Lourdes movida por uma curiosidade irreprimível. Fazia anos que eu estava interessada em saber qual a influência que a fé pode ter no alívio de nossas doenças humanas. Mas eu sabia muito pouco sobre esse famoso santuário francês, até que uma manhã meus olhos depararam com a seguinte manchete: "Criança idiota curada em Lourdes: menino de sete anos recupera totalmente a inteligência depois de viver durante anos como um animal".

Até os cinco anos de idade, Guy era uma criança normal. Então, foi atacado de meningite e ficou paralítico de ambas as pernas e braços, e sujeito a frequentes convulsões e ataques epilépticos. Mas o pior de tudo foi que o cérebro ficou seriamente afetado, conduzindo a uma completa idiotice. Sua mãe descreve como era o estado do filho:

– Ele nem mesmo nos reconhecia. Não podia falar de maneira alguma, perdeu todo o alegre vocabulário que tinha antes da moléstia. Não podia nem mesmo chamar sua mãe – só produzia sons guturais como aqueles que fazem os idiotas congênitos.

O menino ficou totalmente dependente. Tinha que ser alimentado, pois não conseguia levar a comida à boca. Sujava-se sem ter consciência do que estava fazendo.

Todo o esforço dos médicos foi inútil. Por fim, eles pronunciaram a temível palavra: "Incurável". Foi então que os pais pensaram em Lourdes.

Chegaram lá numa bela manhã de outono. Esperançosos, empurraram o menino no carrinho até as piscinas. O pai não entrou, esperou fora, de joelhos, orando. A mãe entrou e ficou observando o momento em que as enfermeiras mergulharam o filho na piscina de água gelada. Depois do banho, ela o recebeu de volta.

Então, de repente Guy abriu os olhos, olhou em volta com olhar esperto, estendeu os braços para a mãe e com voz clara e infantil chamou:

– Mamãe!

E começou a contar os dedos da mão, dizendo o nome de cada um, como costumam fazer as crianças.

Sua mãe, sobressaltada, agarrou-o e correu para fora à procura do pai.

– Ele disse "mamãe"!, gritava ela ofegante. Ele disse "mamãe"!

O pai, desconfiado, achou que ela estava exagerando e procurou acalmá-la:

– Nós já tivemos esperança tantas vezes! Não será mais uma decepção?

Mas dessa vez era verdade. A mente da criança estava despertando. Ela começou a falar e a mover os braços e as pernas. Chamaram o médico da família, que o examinou e ficou espantado diante da incrível recuperação do menino. E recomendou, ainda incrédulo:

– Bem, de agora em diante vocês terão de reeducá-lo.

De fato, os pais tiveram de lhe ensinar tudo de novo. E não foi difícil. Dentro de um ano ele recuperou sua mentalidade normal, podia ler, escrever, desenhar, andar e brincar como as outras crianças.

Um ano após a cura, o menino foi examinado por um grupo de 40 médicos da Comissão Médica de Lourdes. Entre eles estava um especialista em crianças, o Dr. Dailly, de Paris, que por duas horas o submeteu a todos os testes clássicos para avaliar o estado de desenvolvimento de uma criança. No fim, ele concluiu simplesmente:

– Esta criança é normal!

O caso provocou uma das mais longas e acaloradas discussões entre os médicos da Comissão Médica. Um doutor de Bordeus perguntou:

– Com que cérebro essa criança pensa? Que cérebro ele estava usando quando ficou de pé, repentinamente chamou sua mãe e começou a contar seus dedos, após dois anos de insensibilidade? Era com um cérebro novo ou era com um cérebro parcialmente destruído após uma meningo-encefalite aguda?

Outro médico seguiu pelo mesmo caminho:

– Ou ele devia estar pensando com seu cérebro tal como estava quando era um idiota, e, portanto, ele estava pensando com um cérebro que não podia pensar. Ou tinha recebido um cérebro inteiramente novo. Em qualquer caso, o fato é absolutamente contrário a todas as leis naturais.

Essa discussão chegou ao fim quando os 40 médicos da Comissão Médica declararam com unanimidade que o caso era inexplicável pelas leis conhecidas da medicina. O professor Lelong, de Paris, um dos mais eminentes entre eles, encerrou o assunto declarando:

– Se há um só entre vós que já alguma vez, em toda a sua carreira, viu a cura de tal caso – um postencefalítico idiota – eu me comprometo a nunca mais assinar um dossiê de Lourdes!

Ninguém respondeu.

Ruth Cranston termina dizendo:

– Eu visitei Guy Leydet em sua casa em St. Etienne. Ele agora é um alto e bonito rapaz de 14 anos, e vai muito bem em suas aulas, especialmente em inglês, geografia e história. Vi seus cadernos – bem-feitos, quase sem erros, com belos e corretos desenhos.[43]

---

[43] Cf. Ruth Cranston, *O Milagre de Lourdes*, Ed. Melhoramentos, 1955, p. 213 e ss.

136 Deus no século XXI

Nesses casos de cura que narramos, há duas coisas incontestáveis. Primeiro, existiram de fato os doentes Luís Bouriette, cego de um olho, e o menino Guy Leydet, com meningo-encefalite. Segundo, as curas desses doentes, instantâneas e inexplicáveis do ponto de vista da medicina, estão intimamente ligadas à prece. São fatos atestados pelos médicos e registrados em Lourdes, os quais ninguém pode discordar.

O que alguém poderia discordar, sim, é sobre a interpretação pessoal desses fatos. Existem as pessoas que os admitem como milagres. Já outros, que não acreditam em forças sobrenaturais, afirmam que para tudo existe uma explicação puramente natural, se não agora, certamente no futuro. Essa é também a explicação de Dawkins para todo e qualquer fato extraordinário: a ciência explicará tudo no futuro. Então, daqui a milhões de anos os seres humanos conhecerão exatamente todas as leis do universo sem nenhum mistério. Serão todos oniscientes.

Mas quem, em sã consciência, poderá fazer tal previsão? Com que certeza científica pode-se dizer que a ciência explicará tudo e que não vai sobrar nada para o sobrenatural? Quando Dawkins faz tal afirmação, não está falando como cientista, pois ele não consegue apresentar provas físicas ou matemáticas. Está simplesmente bancando um profeta. Está fazendo uma profecia para daqui a milhões de anos. Isto é que se chama profecia de longo alcance!

No livro *O relojoeiro cego*, Dawkins explica como devemos agir diante de um fato extraordinário. Diz ele que se você está diante de uma imagem de Nossa Senhora e percebe que de repente a imagem levanta a mão para o alto e acena para você, não pense em milagre. Pense antes que naquele exato momento os átomos e as moléculas se posicionaram de tal modo no

O método "científico" de Dawkins

braço da estátua que o tornaram flexível e causaram o seu movimento para cima.[44]

Como dizem os italianos: *Si non è vero, è bene trovato!* Se não é verdade, é bem inventado! Você não precisa nem deve acreditar em milagres. Precisa ter fé no poder miraculoso da ciência.

Fazemos aqui de novo a pergunta: Se a intenção de Dawkins em seu livro era a de trazer uma pesquisa séria sobre o poder da oração, por que ele não foi a Lourdes procurar informar-se a respeito dessas curas extraordinárias ligadas à prece? Talvez por uma razão muito simples: Lourdes não é brasa para sua sardinha.

Alister McGrath lamenta essa atitude anticientífica que ele também notou no livro: "Um dos aspectos mais tristes de *Deus, um delírio* é observar como seu autor parece ter feito a transição de um cientista com apaixonada preocupação pela verdade, para um grosseiro propagandista antirreligioso que revela claro descuido pela evidência".[45]

---

[44] Richard Dawkins, *The Blind Watchmaker* (O relojoeiro cego), W. W. Norton, London, p. 159.
[45] Alister McGrath e Joanna McGrath, *O Delírio de Dawkins*, Editora Mundo Cristão, 2007, p. 70.

CONCLUSÃO

Decididamente o Sr. Richard Dawkins não vive em paz com Deus. Deus está para ele como o pano vermelho está para o touro: basta aparecer na frente, que ele investe com furor. Nos comentários que acabamos de fazer ao livro *Deus, um Delírio*, tentamos analisar os argumentos que o autor usa nas suas investidas contra Deus e contra a religião.

Tais argumentos são apresentados no capítulo 4, considerado o coração do livro, que tem por título "Por que quase com certeza Deus não existe". Focalizamos o nosso estudo sobre esse capítulo porque Dawkins afirma expressamente que é nele que se encontra a sua "principal razão para não acreditar na existência de Deus" (p. 110), e é onde ele aborda o "argumento central" de sua tese ateísta (p. 212). Mas, no final, ele impõe uma condição a tudo o que disse: "Se o argumento deste capítulo for aceito, a premissa factual da religião – a Hipótese de que Deus Existe – fica indefensável. Deus, quase com certeza, não existe" (p. 214).

Por que o autor coloca uma condição para a aceitação dos seus argumentos? Seria apenas um raro ato de humildade do grande profeta do ateísmo? Ou estaria ele próprio realmente com dúvida? Quando diz que é "quase certo que Deus não existe", parece estar admitindo que a certeza não é absoluta. O "quase" gera dúvida. E, no caso de dúvida, o ateísmo que ele professa estará mal estruturado. E ficamos imaginando que tipo de ateu ele é.

140 Deus no século XXI

Não, Sr. Richard Dawkins, infelizmente não podemos aceitar os seus argumentos baseados em falácias e em ficção científica. O que vai dizer lá em casa o pessoal do clube do "orgulho ateu"? Alguém dentre eles, dos mais inteligentes e ao mesmo tempo dos mais desbocados, poderá exclamar: "Que droga de profeta nós temos que baseia toda a sua convicção de ateu em cima de argumentos tão pífios!".

Como vimos, os "novos ateus" são ótimos no papo, mas péssimos no raciocínio. O ateu convertido Antony Flew está de acordo e faz o seguinte comentário: "Os evangelizadores ateístas de hoje nem tentam argumentar em defesa de suas ideias. Em vez disso, voltam seus canhões para as conhecidas crueldades cometidas ao longo da história das principais religiões. Mas os excessos e as atrocidades da religião organizada não têm nenhuma relação com a questão da existência de Deus, assim como a ameaça de proliferação nuclear não tem relação com a questão $E = mc^2$".[46]

Com essas palavras Flew quer entender que Dawkins "volta seus canhões" principalmente contra as coisas acidentais que giram em torno da espiritualidade religiosa. Mas não consegue atingir o essencial. Como dissemos no início, a sua tática é a do lutador de boxe que primeiro se ocupa em cansar o adversário, dando golpes na região da cintura ou até mesmo golpes baixos, às vezes dizendo palavras ofensivas para irritar, às vezes até mordendo a orelha do adversário. Mas, na hora de tentar o nocaute, no momento de provar que "quase com certeza Deus não existe", ele dá golpes frouxos e sem perigo.

[46] Antony Flew, *Um ateu garante: Deus existe*, Ediouro Publicações S.A., 2008, p. 21.

Conclusão

Se é para fazer uma resenha do livro de Dawkins, podemos dizer o seguinte: O livro é um desastre em filosofia ao tentar provar que Deus é um delírio usando argumentos evidentemente falaciosos. É esdrúxulo em teologia ao tentar enquadrar Deus dentro da *Bitola dawkinsiana*. É falho no método científico, ao tentar puxar todas as brasas para a sua sardinha.

Uma resenha no mesmo sentido foi feita pela revista *Prospect*, conforme conta Alister McGrath:

> Não estou sozinho em meu desapontamento com essa obra. *Deus, um delírio* alardeia a recente eleição do seu autor como um dos três principais intelectuais do mundo. Essa pesquisa ocorreu entre os leitores da revista *Prospect*, em novembro de 2005, que antecedeu este livro de Dawkinns. E qual foi a crítica da *Prospect* a *Deus, um delírio*? Seu resenhista ficou chocado com a obra "indolente, dogmática, vaga e autocontraditória". O título da crítica? "Dawkins, o dogmático".[47]

Sobre a deficiência do livro quando o assunto é *filosofia*, o filósofo Alvin Plantinga diz que as "filosofadas" do autor estão, no máximo, no nível dos estudantes de primeiro ano, mas dizer isto seria uma ofensa aos estudantes. A verdade é que muitos de seus argumentos seriam reprovados numa aula de filosofia qualquer. Isso é irritante, ainda mais quando combinado com a arrogância demonstrada pelo autor, arrogância do tipo "mais-inteligente-do-que-você".

Sobre a deficiência do livro quando o assunto é *teologia*, o crítico literário Terry Eagleton lançou uma crítica acachapante: "Imagine alguém discorrendo sobre biologia tendo como único conhecimento do assunto o *Book of British Birds* (Compêndio

---

[47] Alister McGrath e Joanna McGrath, *O Delírio de Dawkins*, Editora Mundo Cristão, 2007, p. 17.

142 Deus no século XXI

sobre os pássaros britânicos), e você terá uma tosca ideia de como alguém se sente ao ler Richard Dawkins sobre teologia".[48]

Essas deficiências podem até ser compreendidas – mas não perdoadas! – se considerarmos que Dawkins não tem formação filosófica nem teológica. Ele é um biólogo com especialização em etologia, a ciência que estuda o comportamento dos animais.

"Se este livro funcionar do modo como pretendo, os leitores religiosos que o abrirem serão ateus quando o terminarem" (p. 29). Essa é uma das pretensões do autor. Concordamos que o livro poderá até fazer ateus entre aqueles leitores que o lerem sem espírito crítico e que estiverem dispostos a engolir com facilidade as barbaridades que o autor diz quando o assunto é teologia ou filosofia. Mas, para os que o lerem com espírito esclarecido, o livro poderá fazer o efeito contrário.

Eu pessoalmente confesso que aprendi algumas coisas com a leitura do livro.

Aprendi que os cientistas famosos também dizem asneiras. Isto pode servir até de consolo para nós, pobres mortais.

Aprendi que é muito importante separar o joio do trigo. Na espiritualidade existem o essencial – a fé no sobrenatural – e os acidentais ou periféricos que giram em volta do essencial. É preciso saber distinguir as duas coisas. Na educação religiosa imposta aos fiéis, infelizmente, são apresentadas certas coisas que não são consistentes e que não passam no detector de mentiras aristotélico. E, no propósito de seguir o raciocínio até onde ele nos leva, temos de arrancar o joio que cresceu no meio do trigo. E, nisto,

---

[48] Terry Eagleton – Lunging, Flailing, Mispunching: A Review of Richard Dawkins' *The God Delusion, London Review of Books*, 10/10/2006.

Conclusão

a leitura do livro de Dawkins pode não ser perda de tempo: pode ajudar a apurar e purificar a fé em Deus.

Como vimos, a Igreja católica ensina que a verdadeira ciência e a verdadeira fé não se contradizem. Os avanços da ciência desempenham um papel importante na purificação das religiões. Uma vez que a ciência descarta as superstições e outras deformações, ela ajuda a formular de um modo mais correto as verdades essenciais da fé. O saber científico não atrapalha a fé, ao contrário, ele a complementa e permite ao fiel ser mais sincero e mais livre.

O filósofo Nietzsche havia proclamado em fins do século XIX que Deus estava morto. E em meados do século passado acreditava-se que a religião estava desaparecendo e que, com o tempo, o mundo religioso seria substituído por um mundo secular. O ateu convertido, Alister McGrath, comenta sobre essa previsão:

> Para alguns de nós, tal previsão era recebida com enorme alegria. Nessa época, eu era ateu e me lembro de esperar o fim da religião com certo prazer. Cresci na Irlanda do Norte e conheci as tensões e violências religiosas em primeira mão. Para minha mente de livre-pensador, a solução era óbvia. Livre-se da religião, e as tensões e violências serão erradicadas. O futuro seria radiante – e ateu.[49]

Mas nada disso aconteceu. Ao contrário, a religião fez uma reviravolta. Em abril de 1980, a revista *Time* publicou o seguinte comentário sobre esse fenômeno da virada da religião: "Numa silenciosa revolução de pensamento e de argumentos que dificilmente seria prevista apenas duas décadas atrás, Deus está de

---

[49] Alister McGrath e Joanna McGrath, *op. cit.*, p. 12.

volta. O mais intrigante é que isso está acontecendo nos círculos intelectuais de filósofos acadêmicos".

Deus não desapareceu, como se previa. Há quem diga até que, de todas as grandes descobertas da ciência moderna, Deus é a maior. Diante da reação furiosa dos "novos ateus", fica a impressão de que eles estão sentindo um "cheiro de pânico no ar". Talvez tenha sido o faro desse pânico que forçou a saída deles do armário para irem à luta e formarem o cordão do "orgulho ateu". A publicação do livro de Dawkins, com tantas impropriedades filosóficas e teológicas, não seria um grito de desespero ao sentir esse pânico?

Relembremos aqui a frase do Papa João Paulo II que citamos no início: "Tinha por certo razão André Malraux quando afirmava que o século XXI ou será o século da religião ou não será de modo nenhum". Se depender dos argumentos apresentados no livro *Deus, um delírio*, a religião no século XXI não estará ameaçada. E todo crente esclarecido, depois de terminar de ler o livro, sentirá sua crença reforçada e poderá exclamar com segurança: "Deus está vivo e passa bem. Graças a Deus!".

Penso que o erro fundamental de Dawkins foi de embarcar na onda de que, atacando com violência os periféricos da espiritualidade universal dos povos, ele atingiria e acabaria com o essencial: Deus. Usando de uma linguagem antropomórfica, pode-se dizer que ele tentou acertar algumas flechadas em Deus: nos pés, nas pernas, nos ombros, nos braços. Mas não conseguiu acertar a flechada mortal: no coração de Deus. A flechada seria mortal, se ele provasse o seguinte raciocínio, que está no "subconsciente" do seu livro:

Seres sobrenaturais não existem.

Deus é considerado um ser sobrenatural.

Portanto, Deus não existe.

Conclusão

A segunda premissa está correta: o Deus dos cristãos – não qualquer deus enquadrado na *Bitola Dawkinsiana* – é tido como um ser sobrenatural. Falta só provar a primeira premissa: *Seres sobrenaturais não existem.* Provar que eu digo é provar cabal, insofismável e convincentemente como dois mais dois são quatro – e, por favor, sem falácias e sem argumentos de ficção científica!

No dia em que Dawkins conseguir essa façanha, terá acertado uma flecha no coração de Deus. E cometerá de fato o deicídio que ele quer cometer. E mais: condenará à morte toda e qualquer religião. Então sim terá provado que Deus é um delírio. E, naquele dia, o Sr. Richard Dawkins poderá estufar o peito e dizer com orgulho: "Agora sou um ateu puro, sem nenhum traço de crente".

E os ateus gritarão em coro: Amém, aleluia! Agora sim temos um profeta decente!

E o clube do "orgulho ateu" receberia milhões de adeptos.

E eu, fiel ao lema de Sócrates, logicamente seria um deles.

BIBLIOGRAFIA

Livros citados ou recomendados

ARMSTRONG, Karen. *Uma história de Deus,* Companhia das Letras, 2008.

_____. *Em nome de Deus,* Companhia das Letras, 2001.

ATKINS, P. W. *Creation revisited,* Oxford: W. H. Freeman, 1992.

BAGGINI, J. *Atheism: a very short introduction,* Oxford University Press, 2003.

BARROW, J. D. e TIPLER, F. J. *The anthropic cosmological principle,* Oxford University Press, 1988.

BEHE, Michael. *A Caixa Preta de Darwin*, Jorge Zahar Editor, 1997.

BOWKER, John. *Deus, uma breve história,* Globo, 2002.

COLLINS, Francis. *A Linguagem de Deus: um cientista apresenta evidências de que Ele existe,* Gente, 2007.

DARWIN, C. *Origem das espécies,* Itatiaia, 2002.

DAWKINS, R. *O gene egoísta,* Itatiaia, 2001.

_____. *O relojoeiro cego.* Companhia das Letras, 2001.

DENNETT, Daniel. *A perigosa ideia de Darwin,* Editora Rocco.

_____. *Quebrando o encanto,* Editora Globo.

EHRMAN, Bart D. *O problema com Deus,* Agir, 2008.

FLEW, Anthony. *Um ateu garante: Deus Existe,* Ediouro Publicações S.A., 2008.

GLEISER, Marcelo. *A harmonia do mundo,* Companhia das Letras, 2006.

148   Deus no século XXI

GOULD, Stephen Jay. *Pilares do tempo: ciência e religião na plenitude da vida,* Rocco, 2002.

HAMER, Dean. *O gene de Deus,* Mercuryo, 2005.

HARRIS, S. *Carta a uma nação cristã,* Companhia das Letras, 2007.

HAWKING, S. *Uma breve história do tempo,* Rocco, 2002.

HAWKING, S. e LEONARD Mlodinow. *Uma Nova História do Tempo,* Ediouro, 2005.

HUMPHREY, N. *The mind made flesh: frontiers of psychology and evolution,* Oxford University Press, 2002.

ISAACSON, Walter. *Einstein: sua vida, seu universo,* Companhia das Letras, 2007.

JAMMER, M. *Einstein e a religião,* Contraponto Editora, 2000.

JASTROW, R. *God and the astronomers,* New York: W. W. Norton, 1992.

JOHNSON, Phillip E. *Objections sustained,* InterVarsity Press, Illinois, 1998.

KURTZ, P. *Science and religion: are they compatible?* Amherst, NY: Prometheus, 2003.

LANE FOX, R. *Bíblia: verdade e ficção,* Companhia das Letras, 1993.

MCGRATH, A. & MCGRATH, Joanna. *O Delírio de Dawkins,* Editora Mundo Cristão, 2007.

MCGRATH, A. *Dawkins's God: genes, memes and the meaning of life,* Oxford: Blackwell, 2004.

MILES, Jack. *Deus: uma biografia,* Companhia das Letras, 1997.

MILLER, K. *Finding Darwin's God,* New York: HarperCollins, 1999.

MUÑOZ, Ronaldo. *O Deus dos cristãos,* Editora Vozes, 1989.

O'BRIEN, Joanne e PALMER, Martin. *O Atlas das religiões,* Publifolha, 2007.

Bibliografia

PAPA JOÃO PAULO II. *Cruzando o Limiar da Esperança*, Livraria Francisco Alves Editora, 1995.

PLANTINGA, Alvin. *The Dawkins Confusion (Dawkins, uma confusão)*, resenha sobre o livro de Richard Dawkins *The God Delusion*.

REES, M. *Apenas seis números*, Rocco, 2001.

SAGAN, C. *Pálido ponto azul*, Companhia das Letras, 1996.

SCHROEDER, Gerard. *The Hidden Face of God: Science Reveals the Ultimate Truth*, 2002.

SHEEN, J. F. *O drama do ateísmo*, Edições Itinerário, Porto, 1957.

SMITH, Huston. *As religiões do mundo*, Cultrix, 2001.

SMITH, Plínio Junqueira. *Dez provas da existência de Deus*, Alameda, 2006.

SMOLIN, L. *A vida do cosmos*, São Leopoldo, Unisinos, 2004.

STANNARD, R. *Doing away with God? Creation and big bang*, London, Pickering, 1993.

STENGER, Victor J. *God, the failed Hypothesis*, Prometheus books, 2007.

SWINBURNE, Richard. *The Existence of God*, Oxford University Press, 2004.

WEINBERG, S. *Sonhos de uma teoria final*, Rocco, 1994.

14 x 21 cm
208 páginas
ISBN 978-85-369-0150-3

As aparições de Nossa Senhora à menina Bernadete e os casos comprovados de milagres fazem parte da obra *Lourdes: Ontem e Hoje – A presença de Maria na vida do povo*, escrita por Augusto Pasquoto. Devocional e histórico, o livro possui vários momentos narrados em primeira pessoa, o que dá a ele uma conotação particular capaz de surpreender e emocionar o leitor.

EDITORA SANTUÁRIO
Rua Padre Claro Monteiro, 342
Fone: (12) 3104-2000 — 12570-000 — Aparecida-SP
vendas@editorasantuario.com.br
www.editorasantuario.com.br